休闲体育基本理论

陈子超　编著

山东大学出版社

图书在版编目(CIP)数据

休闲体育基本理论/陈子超编著. —济南：山东大学出版社，2016.12
ISBN 978-7-5607-5410-9

Ⅰ. ①休… Ⅱ. ①陈… Ⅲ. ①群众体育-研究 Ⅳ. ①G811.4

中国版本图书馆 CIP 数据核字(2015)第 290393 号

责任编辑：姜 山
封面设计：张 荔

出版发行：山东大学出版社
社 址 山东省济南市山大南路 20 号
邮 编 250100
电 话 市场部(0531)88364466
经 销：山东省新华书店
印 刷：沂南县汶凤印刷有限公司
规 格：880 毫米×1230 毫米 1/32
8 印张 200 千字
版 次：2016 年 12 月第 1 版
印 次：2016 年 12 月第 1 次印刷
定 价：16.00 元

前　言

以前，人们没有更多的时间从事休闲、娱乐活动，这与人们以体力活动为主的生活习惯有着紧密的联系。随着社会的发展、科技的进步，机器大生产和办公自动化取代了人们的体力活动，使人们有更多时间从事休闲娱乐和体育锻炼。因此，人们的体育活动也逐步向着休闲化迈进。休闲时代的到来彻底改变了人们的生活方式，休闲生活、休闲体育已经成为人们生活中必不可少的一部分。休闲体育正是迎合了休闲时代的需求而生，并随着休闲化的发展不断完善、发展，以满足人们日益增长的需求。

利用休闲获得健康，想必是最理想的渠道。休闲抚慰了生活的艰辛，在维护身体健康方面也发挥着重要作用。休闲体育可以舒缓身心，调节自身情感，增强健康水平，既满足了人们的需求，又促进了人们生理和心理方面的健康发展。与此同时，休闲体育还扩大了人们的交际范围，使人们在更为和谐的交友氛围中愉悦自己，放松自己，提升自己的综合能力。

人类现在已经有了更多的闲暇，当务之急是如何选择更为健康有效的休闲内容。从人类需求的发展角度来说，经过改革开放三十多年的发展，中国人已经解决了生存问题并开始走向富裕，因此，在精神文化方面有了更多、更高的需求。人们希望全面提高生活质量，希望健康长寿，希望社会有更为全面的发展。然而,这些希望的实现需要人们自身素质的全面提高,需要人们建立健康的休闲观,并且在休闲活动中增加体育休闲活动。

本书以当今社会时代特点为背景,力求全面地、系统地阐述休闲体育的发展轨迹。本书一方面纵向阐述了休闲体育的历史起源、现今发展和未来走势,另一方面又横向对其现今发展阶段进行详细解读,内容涵盖区域化、群体化、高校化、生活化、产业化等几个具体方向,层次丰富。横纵向交叉叙述,这无疑让休闲体育的发展脉络布局得更加完整而紧密。

本书在写作过程中,参考并借鉴了国内外学者及相关领域内专家的观点及其理论研究成果,在此表示由衷的感谢。因作者水平所限本书在写作中难免有纰漏,需要相关专家及读者批评指正,以便于在将来的修订过程中逐步加以完善。

陈子超

2015 年 10 月

目　录

第一章　休闲体育的起源与发展 ………………………… (1)

第一节　休闲体育的起源 ……………………………… (1)

第二节　我国历代休闲体育的发展演变 ……………… (5)

第二章　休闲时代下的休闲体育应对 ……………………… (14)

第一节　休闲时代逐步向我们走来 …………………… (14)

第二节　休闲体育满足和谐社会的创建需要 ………… (20)

第三章　休闲时代下休闲体育区域化发展 ………………… (27)

第一节　城市与农村休闲体育的发展 ………………… (27)

第二节　东部与西部休闲体育的发展 ………………… (38)

第四章　休闲时代休闲群体化发展 ………………………… (42)

第一节　少儿群体休闲体育的发展 …………………… (42)

第二节　青年群体休闲体育的发展 …………………… (60)

第三节　中老年群体休闲体育的发展 ………………… (64)

第四节　女性群体休闲体育的发展 …………………… (86)

第五章　休闲时代下休闲体育高校化发展…………………（119）

第一节　高校开展休闲体育的理性分析…………………（119）

第二节　休闲体育在高校中的实际发展…………………（131）

第六章　休闲时代下休闲体育生活化发展…………………（172）

第一节　休闲体育影响下的生活方式改变………………（172）

第七章　休闲时代下休闲体育的产业化发展………………（201）

第一节　休闲体育的产业特征……………………………（201）

第二节　我国休闲体育产业现状…………………………（209）

第三节　我国休闲体育产业发展的相关因素分析
……………………………………………………………（212）

第四节　我国休闲体育产业发展对策及战略部署……（215）

第八章　休闲时代下休闲体育发展的机遇…………………（224）

第一节　休闲体育面临的新机遇与新挑战………………（224）

第二节　深度休闲与运动性休闲将成为发展主流……（229）

主要参考文献…………………………………………………（244）

第一章 休闲体育的起源与发展

第一节 休闲体育的起源

一、"休闲"的中文源考

"休闲"一词伴随着人类的诞生而出现。人类学家艾伦和约翰逊(Allen&Orna Johnson)对秘鲁的印第安人进行了长达18个月的考察,得出了一个出人意料的结论:在原始文化中,人们在从事经济活动的同时已经具有了消遣娱乐的概念,而且在某些历史时期,专门用于休闲的时间也并不少于我们现代社会,有时甚至更多。在中国文献中,"休闲"一词最早见于《三国志·魏书·陈思王植传》裴松之注,注云"长去本根逝,夙夜无休闲"。《诗经》中有也许多诗歌体现了休闲的休息之义。如《国风·周南·汉广》就有"南有乔木,不可休思";《大雅·生民之什·民劳》中有"民亦劳止,汔可小休。惠此中国,以绥四方"。这些文字强调的是休闲与社会安定的关系。除了《诗经》外,休闲的休息之义在其他典籍中也有所反映。如《礼记·月令》中有:"毋休于都。"《晏子春秋·内篇谏下》写道:"景公猎,休,坐地而食。"《五经文字》解释"休"为"休,象人息木荫"。因此,从"休"的词源结构来看,"休"字的产生实际上是反映了人回归自然、人与自然之间相和谐的观念。

人类来自大自然，最后成为自然界的主宰者。人们在从事改造自然、发展生产、解决就业、建功立业、追求名利等各种社会活动时，将更多的精力放在拼搏及个人发展等这些外在的东西，而将自己的本根所遗忘。“休”一词是人们发现自我、找回自我的活动。人倚木而休，树木是大自然的化身，人是自然界的重要组成部分，而大自然承载了人们的生命活动，因此说大自然也是人类生活的一部分，人与自然和谐发展，融为一体。

而“闲”字一词在《说文》中曾被这样解释：“门中有木称之为闲。”意思是在门的外面放置栅栏，以此为界。《周易·家》中有“人闲有家”“日闲舆卫”的说法；《周礼·夏官》也记载有“舍则守王闲”。以上“闲”的意思都是指“桓”，其主要是用来形容古代官署用木条交叉做成用来阻挡行人的栅栏。因此可以看出，“闲”首先是用来形容一个范围。如果借用现代汉语来表达“闲”字在先秦汉语中的含义，“闲”就是空闲的意思，指私人空间，就是个人活动的场所，在私人活动场所与公共活动场所之间用栅栏来分割，公共权力在此止步。如果公共权力介入私人活动场所，那么就侵犯了闲的概念。因此“闲”字是在一定的规则范围内而界定的。后来，“闲”字又赋予新的概念，进入伦理道德的范畴，具有了感情色彩。如《周礼·夏官·瘦人》中有“掌十有二闲之政教”，《论语·周书·子张》有“大德不逾闲，小德出入可也”。根据“闲”字的界定，“闲”字又延伸出了限制、约束的意思。如《尚书·毕命》中有“虽收放心，闲之维艰”，《左传·昭公六年》有“闲之以义”的记载。因此，“闲”字在先秦汉语中的解释可以归为“行为约束”之含义。“闲”字的繁体为“閒”，由闲的繁体字可以知道，闲是由“门”和“月”组成，其意境是指家中一轮明月，而明月在中国一般是象征着与家人相团聚，或者是独处静思，这点可以从中国古代的很多诗歌中得到求证。所以说“闲”有“休闲、安逸、舒服”等意思。

如果从字义的角度对“休闲”进行考察，我们可以发现《诗经·商颂·长发》中有“何天之休”，郑玄笺：“休，美也。”《左传·襄公二十八年》中有“以礼承天之休”。对此，杜预注为：“休，福禄也”。而闲，有范围、限制、约束的意思。如《论语·子张》“大德不逾闲”；《周易·家人》“闲有家”孔颖达疏曰：“治家之道，在初即须严正立法防闲。”古汉语中“闲”又通“娴”，有娴静、思想的纯洁与安宁之意。所以说，“休闲”一词表达了人类生产生活过程中的劳动和休息，既是求美的过程，也是求善的过程，是在追求事物自身发展的同时促进事物间的和谐统一。

二、现代休闲体育的起源

从古至今，休闲、娱乐都是人们生活的一部分。健康生活、娱乐养生一直以来是人们自身发展的基本需求。20世纪中期，现代休闲体育起源于经济发达的欧美国家，随着社会的发展、科技的进步，人们对休闲生活的向往与追求越来越强烈，这种休闲模式随着人们生活方式的转变逐步在全世界发展起来。

休闲体育是社会体育的组成部分。其内涵是指人们利用空余时间进行娱乐身心、强身健体、陶冶情操、丰富文化生活、完善自我的一种身体活动。要满足休闲体育必须具备以下几个方面，首先是自由的活动，其次是主动性、文化性、创造性和非功利性的活动模式。休闲体育对于增强体质、增进健康，促进新陈代谢及骨骼肌肉的正常发育和娱乐身心，丰富文化生活，提高精神文明建设，促进人际交往，增加人们之间的了解有着重要的作用，如高尔夫、攀岩、滑翔伞、户外运动、广场舞、民间体育娱乐活动等。

休闲体育是以自我发展、娱乐身心、陶冶情操为主要目的的一项体育运动。休闲体育注重人的活动与自然结合，特别强调舒缓身心、调节自身情感和生活乐趣。休闲体育形式多样，内容丰富多彩，在体育项目上包含传统体育项目如足球、篮球、排球等球类活动，走、跑、跳等田径运动和新兴体育项目如蹦极、滑翔伞、广场舞以及人们日常生活中的远足、骑游、漫步等都属于休闲体育的范畴。休闲体育不受时间、地点、场地、器材的限制，因此具有简单易行的特点，适用范围较广，强调活动的乐趣及自由性，这也是休闲体育深受广大人民群众喜爱的根本原因。以成都市体育活动为例，成都市大部分中老年人喜欢羽毛球运动，但是更喜欢网球运动，所以网球运动在成都的开展较为普遍，带动了一大部分中老年人参与该项运动，网球场遍布整个社区及学校周围，活动较为便捷。喜爱该项目的人群可以在空余时间通过参与网球运动达到交友、交流、健身的目的，这是一种典型的休闲体育活动。欧洲人比较喜欢与朋友、家人以及同事一起徒步旅游、户外运动、漂流等休闲体育活动，这些活动也成为工作之余的生活中的一部分。

随着科技的进步，机械化进程、办公自动化及现代化的信息、科技、交通的普及已经取代了人们大部分的体力劳动，因此以体力劳动为主的时代正慢慢成为过去，另外，工作、学习、生活压力的逐步增大，人们迫切需要一种体育运动来提高人们的体质，缓解学习、工作压力，休闲体育正是迎合了人们的需要而逐步兴起，它将成为人们生活中必不可少的一部分。当今世界迎来一个休闲的时代，休闲生活将在人们的生活中起主导地位，所以说休闲生活将是人们生活中的一部分，而不是工作之余的消遣娱乐活动。

第二节　我国历代休闲体育的发展演变

一、原始社会——原始人不自觉的休闲思想

人类发展的历史过程中，从事生产劳动以及技能的传授过程都是以休闲娱乐的方式将过去积累的经验传授给下一代，因此我们在探讨休闲娱乐的起源问题时，经常会有一个疑问：原始社会有休闲娱乐活动吗？原始人类的游戏状况又是什么样的呢？当然，对于早期的原始人类的生活没有记载资料，因此在认识上是有限的。原始人有一些习性和本能还保留着一些动物的特点，其生产活动、生活情境到底怎样呢？随着人类学和考古学的发展以及对于原始人类了解的日益增多，我们发现人类进化程度越高，对自然界的作用就越带有经过思考的、有计划的、向着一定的和预先知道的目标前进的特征。劳动促使人类学会手足分工，学会制造工具和使用工具，古猿才逐渐发展为人。人类以劳动为依托，在生活实践的基础上逐步产生了思维能力和语言能力。劳动促使原始人进步和发展，推动人的思维能力的发展。思维能力及意识的出现进一步带动了劳动能力和生产力的发展，也使人们在面对复杂活动时能从容应对。

作为现代人，我们把时间明确分为工作时间和休闲时间，但是原始人对此却没有科学的界定。他们的工作与休闲活动往往是随意的、并行的，在生产劳动过程中往往伴随着一些风俗习惯和宗教礼仪。原始人类在生活实践过程中，由于认识上的局限性，对事物的认识只停留在表象阶段，并没有认识事物的本质及科学的依据，因此，在人与自然、人与人相互关系和活动中产生的认识活动具有表象性，不能给予科学的界定。

在历史的早期阶段，人类对事物的认识都具有神话、传说和

宗教观念的形式。在世界各地的原始社会时期,人们在狩猎前后都要举行隆重的仪式,以祈祷或庆祝狩猎的丰收。他们手持狩猎的工具,模仿狩猎的过程直到最后将猎物捕获,以此来表达自身情感和狩猎后的喜悦。原始社会人们认为举办宗教仪式进行祈祷是狩猎成功的关键因素,他们普遍都迷信地认为这会受到神灵的保佑,所以祈祷、祭祀、舞蹈以及狩猎、战争成为原始人的游戏雏型的几个主要来源。但是在原始社会中,狩猎、战争和宗教巫术是混为一体的,并没有明确的界限。比如:青少年的射箭游戏,最初可能只是一种狩猎的方法,完全是为了自己和群体的生存而发明的。发展到后来,箭又成为不同群体之间战争的战斗武器之一。在狩猎过程中形成的走、跑、跳、投、攀等基本生活技能,都成为后来原始人游戏形式的来源,特别是原始人类的原始宗教与巫术等活动。

原始人为了得到祖先和神灵的保护,以祭祀和巫舞的形式来获取祖先及神灵的保护,这就是最早的体育舞蹈。这种舞蹈是精神和身体活动的融合,也是以后休闲体育的起源。原始部落是由不同的氏族公社组成,公社成员为了在部落中取得一席之地,便经常开展以模仿实战为目的的竞技娱乐活动,这正如弗里德里希·席勒所说:“说到底,只有当人是完全意义上的人,他才游戏;只要当人游戏时,他才完全是人。”所以说,原始社会已经有了休闲的思想,但是他们游戏娱乐的目的开始并不是为了休闲,只是随着社会的发展,才有了娱乐休闲的意义。因此说,休闲思想的萌芽应该始于原始社会。

二、奴隶社会——有意识的休闲思想的萌芽

随着生产劳动的发展,人类活动开始有了分工,分工促进了生产力的发展,并有了剩余产品,而剩余产品的出现促进了商品交换。进入奴隶社会以后,生产力进一步发展,商品交换及剩余

产品逐步增多，人与人之间也有了等级的差异，少数奴隶主就开始脱离生产劳动，成为专门享受的阶层。此时的娱乐游戏已不仅仅是出于其他目的的娱乐活动，而是为了纯粹的休闲娱乐。

大约在公元前21世纪到公元前5世纪（大致相当于夏商周至春秋时期），已经有少数人是在主动地享受娱乐生活了。这一时期由于生产力的发展，人类社会已经进入到青铜器时期。原始的筵宴得到了初步的发展，筵宴程序、礼仪颇为复杂。其中最为有名的要数商纣王的“酒池肉林”，昏庸的纣王每日都沉湎于寻欢作乐之中，最终导致了商朝的灭亡。原始的聚会和祭祀活动促进了筵宴的发展，殷商时代以祭祀为主的筵宴逐渐增多，到了周代，筵宴已经渗透到国家议事和社会生活的方方面面，朝会、朝聘、游猎、出征、班师以及民间往来等各种活动都要举行宴会。而宴会的标准、礼仪都有一定的规章制度，古籍就载有士冠礼、士昏礼、士相见礼、乡饮酒礼等。但是不管怎么说，早期的筵宴也是当时人们一种主要的娱乐方式。

除此之外，歌舞也是一种很重要的娱乐方式。尤其是在商周时期，歌舞形式广为流传，当时最为流行的歌舞要数“野舞”。所谓“野舞”，其实就是民间舞的一种，而这类民间舞也就成为当时直至后来人们休闲生活的重要表现形式。在周朝时期，许多大夫也认为休闲是治国安邦的重要谋略和准则。如《诗经·大雅·生民之什·民劳》直接阐述了休闲、小康对国家安定兴盛的重要性：“民亦劳止，汔可小康。惠此中国，以绥四方。……柔远能迩，以定我王。民亦劳止，汔可小休。”殷商帝王祭天的颂词也祈求吉庆、美善、福禄。《商颂·长发》有诗云：“何天之休。不竞不绒，不刚不柔。敷政优优，百禄是遒。”而《诗经·十月之交》则强调统治者应该关注人民的休闲，“民莫不逸，我独不敢休”。这一时期的特点是贵族阶层已经完全开始享受娱乐生活，但是却没有太多有关休闲思想的书籍。

三、《诗经》及先秦文化——休闲思想的产生

早在公元前1100年左右，中国人民就已经开始热情讴歌生活，出现了很多诗歌作品。到公元前500年后，体现休闲生活的优秀作品开始大量出现，并广为流传。《诗经》是古代休闲文化的代表作，也是孔子传授知识的教本。这一时期，在我国古代文化中蕴藏着丰富的休闲中心论的思想。“朝吟风雅颂，暮唱赋比兴，秋看鱼虫乐，春观草木情”，《诗经》将休闲思想表达得淋漓尽致。如《小雅·南有嘉鱼之什·六月》中有“比物四骊，闲之维则。维此六月，既成我服”“四牡既佶，既佶且闲”。《国风·周南·汉广》中有“南有乔木，不可休思”。

《诗经》蕴含了大量的休闲思想、休闲文化及行为方式，而《周易》则阐述了在神灵主宰的社会中，精神意识与人格仍然有所保留，蛊卦的“不事王侯，高尚其事”是具有代表性的宣言，这也成为后来道家“休闲”一词最早的表现形式。

道家老子与《周易》关系十分密切。老子的哲学观大多阐明了休闲娱乐、精神自由的重要性，这也是对道家哲学最有力的诠释。而《庄子》是表现休闲最经典的佳作，对后人产生了深远的影响。《庄子·刻意》中有“就薮泽，处闲旷，此江海之士，避代之人，闲暇者之所好也”。因此，休闲不仅仅是一种生活的态度，也是生活的一种境界。“大智大言”者宽裕广博，言谈美盛。诸子百家中的墨子则主张亲民及和平的生活思想。基于此，中国后世的休闲思想可划分为各具特色的四个阶段：魏晋南北朝的隐逸文化与田园文化、唐宋兼收并蓄的休闲文化、明清时期追求精致的艺术化生活文化以及近代时期的人文主义的闲适文化。

四、魏晋南北朝时期——隐逸文化与田园生活

汉朝“罢黜百家，独尊儒术”，建立了封建时期的中央集权

制。直到魏晋时期，道家思想才广泛流行开来。当时经常战争频繁，门阀士族相互倾轧，对权与利的争夺激烈，许多文人如嵇康、何晏、潘岳、陆机等都因不慎卷入政治斗争而招致杀身之祸。在当时的情况下，很多人为远离迫害而远离政治，又加上人们越来越多地对老庄之学产生了浓厚的兴趣，许多知识分子隐逸高蹈。在魏晋时期，许多文人精通“三玄”（老、庄、易），好辩是当时文人普遍的特点。他们不仅侃侃而谈，而且思维敏捷，条理清晰，并著述有成。这种风尚给整个魏晋南北朝的精神生活打上了深深的印记。隐逸文化就是突出的表现。隐逸文化由来已久，孔子说“邦有道则仕，邦无道则隐”；孟子也说“穷则独善其身，达则兼济天下”。魏晋南北朝时期，很多文人骚客对政治不满，大多向往悠闲的隐逸生活，当时隐逸文化的流行正是隐逸文学盛行的重要背景。陶渊明是隐逸文化的代表人物，他的《饮酒》诗中有一句最广为流传的诗句“采菊东篱下，悠然见南山”，是最能体现他个人的隐逸思想的诗句。陶渊明的休闲思想展现了两个方面的内容：一是继承了汉魏以来抒情言志的传统。诗歌《归去来兮辞》《饮酒》及散文《桃花源记》等隐逸诗文，表达了对徜徉逍遥、怡然自得的隐居生活的由衷赞美。陶渊明最经典的《桃花源记》所表达的是文人志士对“世外桃源”——中国隐逸文化所追求的一种理想社会的向往，同时也表达了文人志士和百姓对隐逸生活的追求，他们希望能寻找到远离喧嚣的一方净土。这种理想的生活也体现了人们的一种精神寄托。二是创作了大量反映隐逸生活的田园诗（山水诗）。后人对陶渊明的评价是朴实、自然、通俗的田园风格。一些文人志士喜欢过与世无争、与世隔绝的生活，喜欢将自己藏匿于有山、有水、有森林的大自然中，独享大自然的美景，在此过程中借景抒情。因此，大量的山水田园诗都因作者寄情于景得到灵感而被创作出来。六朝的山水诗有别于前朝和唐宋的意境，体现了一种超脱的精神和逍遥自在的心情，是早期的一种休闲生活的真实写照，具有很高的美学价值。

除此之外，这个时期的贵族、名士还进行许多其他的休闲活动，如弹琴、作曲、欣赏歌舞、田猎等自娱活动及弹棋、藏钩、戏射、投壶等竞技活动。当然，他们在节日时更会抓住时机，与民同乐，如登高、宴饮等。

五、唐宋璀璨的休闲文化——休闲思想的发展

唐宋是中国历史上的鼎盛时期，中国的经济、政治、军事都呈现出生机勃勃的气象，中国的文化也迎来了发展的新契机。唐宋时期的休闲娱乐生活也形成了一幅艳丽多彩的图画。汉唐的文化以朝气蓬勃、锐意进取为典型特点，但是唐朝更加彰显了海纳百川的气度，并融合了多国的风范，文化上实行百家争鸣、百花齐放的政策，最为典型的就是儒家、道家、佛家三教并立，促进了文化的交流与学习，进而对中国文化产生了深远的影响，在文化结构、宗教思想、建筑艺术、穿着服饰等与生活息息相关的方面形成若干独特的文化形式。

盛唐时期的诗人善于将自己融入自然，感受自然并获得一种超脱自然的精神文化内涵。因此，诗人这种贴近自然、融入自然、感悟自然的表现呈现出完全不同的景象。山水田园诗在唐代比较盛行，这是因为唐代人无论是成功喜悦，还是悲伤痛苦，都常常走向自然，抒发自身情感。唐代著名诗人王维在《归辋川作》诗中这样写道："谷口疏钟动，渔樵稍欲稀。悠然远山暮，独向白云归。菱蔓弱难定，杨花轻易飞。东皋春草色，惆怅掩柴扉。"诗人就是在大自然中寻找生命的意义，体会到休闲的情怀。

唐朝经济文化的发展为宋代经济文化的繁荣奠定了基础。两宋时期，中国文化达到了鼎盛时期。当时的科举和文学创作是知识分子生活中的一部分，但是教材仍是以《诗经》为主，而这

种状况远远不能满足文人的学习需求，因为《诗经》的学习需要掌握许多典故、辞藻和地理等知识。王象之在《舆地纪胜》中曾这样描述："使骚人才士于一寓目之顷，而山川，俱若效奇于左右。"祝穆也说他希望将《方舆胜览》"锓梓以广其传，庶人人得胜览"。胜览型地理等很好地兼顾了人们学习的需要以及对辽阔的疆域及域外闻见进行探索和猎奇的欲望。

宋代官制严密，强调循资、磨勘。地方官频频调换，在一个地方的执政年限比较短，宦游成为仕途的家常便饭；加之士子应试、游学活动也十分频繁，行旅不绝于途，旅游文学兴起。这样，人们越来越注重各地的风土人情，与休闲娱乐相关的书籍层出不穷，成为当时较为流行的书籍。

唐宋时期，休闲思想得到了普遍的传播与交流，发展提升到了新的高度，普通百姓也在平时生活中不断接触休闲，如蹴鞠运动就是迎合了时代的需求而盛行起来的。

六、明清休闲——追求精致的艺术化生活

明清的小说开始详细地描写各种游戏等人文雅趣，也经常论及人生处世的态度以及娴雅的生活情趣。清人张潮在他的《幽梦影》中曾这样说道："人莫乐于闲，非无所事事之谓也。闲则能读书，闲则能游名山，闲则能交益友，闲则能饮酒，闲则能著书。天下之乐，莫大于是。"自古以来中国社会形成的一种错误认识，就是重理轻情，人们普遍认为个人的休闲娱乐就是浪费光阴、消磨意志、打发时间、不思进取的表现。在明太祖要求全面复古后，文官主要的目的就是修身、齐家、治国、平天下，自我的需求需要服从封建正统秩序。明清时期禁止一切异教活动和动摇儒家文化的思想，把"发乎情，止乎礼"作为限制人的行为准则，磨灭了人的意志品质，而一句"存天理，灭人欲"则磨灭了人的正常的、合理的自然需求，同时也把自由的人性给抹煞了。大

量的知识分子受到封建思想的压迫和束缚，对待事物、对待问题只能选择保持沉默，不敢随意发表自己的观点。这种错误的思想往往容易产生匪夷所思的现象：表面上仁义道德、正义之师等口号不绝，私下却腐朽糜烂。到了明朝晚期，知识分子厌倦仕途举业，甚至连皇帝也变得恋世乐生起来。李贽在他的《童心说》中有这样一句话："失却童心，便失却真心；失却真心，便失却真人。"要求人们摆脱思想的束缚和禁锢，也就是让大家追求实事求是、解放思想，崇尚文化艺术思想的自由。一部分知识分子蓄声器、好娱乐，游山水、筑园林，嗜茶酒、品美食，着蓑衣、披僧袍，谈闲书、做雅事。他们对于自己悠然自得的生活十分满意，也特别珍惜大自然的回馈。旅行家徐霞客一生依附山水而居，远离了安逸的生活和功名利禄。

李渔出生在明末清初，是自唐宋以来有意识地从更深层挖掘休闲活动的戏曲理论家，其著作《闲情偶寄》是当时最流行的书。该书结合了李渔的一生经历，也是其艺术生活的归纳总结，该书中的"居室部""器玩部""饮馔部""种植部""颐养部"等分别对休闲思想进行了深入的阐述。李渔花费毕生的精力创作了该书，希望得到世人的认可并汲取其精华。他的作品朴实，与人们的生活息息相关，内容简单易懂，同时自己的才华在该书中表现得淋漓尽致。这本著作对休闲思想、休闲生活进行了详细的阐述，内容十分丰富。该书既可以作为理论性文章来消化，又可以作为艺术文学来欣赏。《闲情偶寄》是一部阐述休闲生活、愉悦生活的精华之书，并非是玩物丧志的"闲"书。正如李渔自述："风俗之靡，犹于人心之坏，正俗必先正心。近日人情喜读闲书，畏听庄论，有心劝世者正告则不足，旁引曲譬则有余也。是集也，纯以劝惩为心，而又不标劝惩之目，名曰《闲情偶寄》者，虑人目为庄论而避之也。"又说："劝惩之意，绝不明言，或假草木昆虫之微、或借活命养生之大以寓之者。"李渔知道那些严肃而无趣的讲学和教育方式令人厌烦，很难和学生融合在一起，或者说走进他们的生活。李渔的生活态度及其传道授业方式与当今休闲思想的内涵以及世界休闲协会《休闲宪章》的核心思想不谋而合。在这一时期，休闲意识已经在逐渐面向大众，休闲生活已经成为人们日常生活中的一部分，形成了一种休闲与生活融为一体的新的现象，进而有效地实现休闲生活理念的推广，促进了人们对休闲的深入了解。

第二章　休闲时代下的休闲体育应对

第一节　休闲时代逐步向我们走来

科技的发展带来生产工业化、办公自动化，使人们逐渐从体力劳动中解脱出来，人们的脑力劳动变得越来越重要。长时间的脑力劳动比体力劳动给身体机能带来的损伤更大。当今社会人才济济，竞争和高效率的工作使人们感到压抑，情绪逐渐变得烦躁不安，这种低落的情绪对人的精神也是一种打击，而这种打击和焦躁不安最终会对人的心理造成一种无形的损伤，我们可以称之为“隐形损伤”。

工作、生活的双重压力会对人们的生理和心理产生影响，所以人们不仅需要机体上放松，也需要心理上的放松，从而精神饱满地从容应对每一天的生活。现在越来越多的人需要从单调乏味的劳动中解脱出来，渴望获得一种轻松、愉悦的心情，以积极阳光的心态面对生活。

另外，科技的发展满足了人们越来越多的物质需求，同时也让人们从劳动中解脱出来，拥有了越来越多的空余时间。时间的充足使人们又面临了一个问题，人们开始思索如何利用好这些空余的时间。美国休闲教育家托马斯·古德尔指出：“人人都拥有空闲时间，但并非人人都拥有空闲。空闲时间是一种人人拥有并可以实现的观念，而休闲却并非是每个人都可以真正达到的人生状态，因为休闲不仅是一种观念，而且更是一种理想。空闲时间只是计算时间的一种方式，而休闲则涉及存在状态和人类生存的环境。”①

人们在面对这些问题的时候经常会思索：能否找到一种更好的方式，既能使机体得到适当运动，又能舒缓身心、缓解生活压力和精神压力？休闲体育的作用和功能正因迎合了人们的需求而逐渐被人们所认可。

一、休闲体育是个体发展的需求

（一）休闲体育是个体自我完善的需求

休闲体育活动可以促进个体的完善。我们很少甚至不可能在工作中发掘自己所有的潜能和实现自己所有的愿望，我们从事的只是自己喜欢的一方面，有时甚至于不得不做自己并不想做的事。人们在从事休闲体育活动的过程中，可以充分表现自己内心深处的愿望，也就是说通过休闲体育活动，真正满足自我对休闲的欲望，开启休闲生活、娱乐生活的新篇章。休闲体育活动不再与物质化的需求紧密联系在一起，人们开始根据自身的需要选择适合自己的生活模式，可以在娱乐、自由中体验自身存在的价值，使人们充满激情，享受生命的活力。这一过程实质上是一个人个性自我完善的过程。通过这一过程，人的身心得到净化，得到解放。

（二）休闲体育是个体自我回归的需求

随着现代化科技的飞速发展以及城乡一体化的进程，人们逐渐搬离大自然，向着城市集中、人口密集的繁华区域发展。这

① ［美］托马斯·古德尔、［美］杰弗瑞·戈比著，成素梅等译：《人类思想史中的休闲》，云南人民出版社2000年版。

使人们丧失了自己的本性，异化了自身。由此我们产生了回归自然的需求。

休闲体育促进了邻里乡亲的相互交流、合作，增强了社区居民的友谊，使人们借助休闲活动这一平台，零距离接触大自然，从而了解自然、认识自然，认识人们存在的价值意义，以此实现个体的自我回归。自我回归就是回到生命本身，真实地体验自我存在的价值。这种回归不仅使人们获得新的体验、新的领悟，也可以使疲惫的身心得到放松。

二、休闲体育是一种精神解放的需求

（一）休闲体育可以使人充分感受自由

法国休闲学家罗歇·苏曾经说过："休闲活动取消了不惜一切代价必须达到一个确切结果的约束。"人们在进行体育锻炼时，只是根据自己的喜好来进行活动，没有竞争约束，以力求实现自己的目标，而且不受外部因素的影响。休闲体育的特点就是给人们充分展现自我的舞台，轻松、自由地实现自我价值，人们可以根据自身的喜好选择是否参与，没有强迫性。这可以使人们毫无顾忌地自由选择娱乐活动，这样可以让人们达到一种忘我的境界，抛除一切烦恼，感受到自我娱乐、自我做主的轻松和愉快，让人们获得一种精神上的自由感、解放感。

（二）休闲体育可以使人获得积极的情感体验

休闲体育运动与通常所说的体育活动有着本质的区别：它不以成绩高低论英雄，也不以力量大小分名次；它打破以往的循规蹈矩，对运动强度没有具体要求，而是一种自发性的、非形式主义的体育活动，是追求身心愉悦的一种轻松、自由的体育活动。它是一种注重享受运动过程、获得精神满足的娱乐性体育运动。

体验是休闲的核心。在休闲体育活动过程中，人们可以体验体育运动所带来的成功与失败、竞争与合作、顺境与逆境，在与对手竞争中不断攀登运动高峰，在体育竞技过程中体验生活乐趣，也就是说，在实现自我价值的过程中去愉悦身心。休闲体育是一种情感的体验，并不是说休闲活动借助于内外环境而获得的一种心理的满足，而是人们在休闲活动过程中拥有发自内心的喜悦和兴奋，是一种体验式娱乐活动。

（三）休闲体育可以使人宣泄心中压抑的情感

现代社会是一个竞争的社会，残酷的社会竞争使人们的心理压力不断增大，使人感到紧张和焦虑，继而产生沮丧的情绪。通过休闲体育可以使人宣泄心中压抑的情感，摆脱沮丧的情绪。

休闲体育是一种舒缓身心、消除工作和学习压力、提高生活质量的一种体育活动。人们可以通过休闲体育活动，激活内在的潜能，充分领略在运动中情感的自由宣泄。休闲体育是人们在自由追求体验的心态下进行的，完全处在一种轻松而愉快的游戏状态中。

三、休闲体育是现代文明社会发展的需求

（一）现代文明社会需要休闲体育的点缀

国家生活质量的提高、经济的快速发展、科技的进步、人们生活水平的提高、生活条件的改善以及空余时间的增多等，是休闲体育顺利开展的前提和基础，休闲体育的发展迎合了现代社会人们的需求。随着科技的进步，脑力劳动逐步取代体力劳动而成为现代社会的主导。休闲体育作为脑力劳动发展的产物，可以使人们充分享受体育运动带来的乐趣，以便于轻松、自由、积极地投入到脑力劳动中去。这样，休闲体育与脑力劳动就能形成一种良性互动的关系。也就是说，脑力劳动需要休闲体育的点缀与渲染。在劳动异化的社会里，脑力劳动与休闲体育相互结合意味着对社会异化的克服。随着现代精神文明的不断发

展，休闲体育活动得到推广和普及，社会异化逐步得到抑制。尤其是随着信息时代的来临，休闲体育活动更成为当今社会发展的要求。现代社会的发展，使城市化进程加快，妨碍了人与人的交往与交流，不利于人们友谊的发展。要想摆脱这种困境，人们就要学会适应当今社会的发展形势，寻找一种崭新的活动方式，而休闲体育活动的特点为人与人之间的交往提供了一个新的平台。因此，休闲体育是现代文明社会发展的需要。

（二）休闲体育的广泛开展是现代社会文明的标志

随着人们物质生活水平的提高，以及知识时代、信息时代的发展，人们的生活观念有了本质的变化。人们的生活模式已经由原来的“生产—生产—生产”的方式开始向“生产—休闲—娱乐”的模式转变，而人们空余时间的增多也进一步促进了休闲体育的发展。在小康社会里，人们更追求生活质量。休闲体育活动是社会主义精神文明发展的需要，符合人们日益增长的精神文化的需要，以崭新的姿态迎合时代的进步，是人类社会发展到一定阶段的产物，是物质文明和精神文明的融合。

社会的发展使越来越多的人开始意识到休闲体育活动的重要性。休闲体育满足的不仅仅是人的生理机能的需要，它所要达到的目的就是身心及情感的释放。它以体验式活动为基础，也就是说通过休闲体育运动，人们可以获得一种精神满足感，宣泄心中的郁闷和块垒，展示在工作和生活中不能展示的风采和魅力，克服工业文明带来的社会异化，实现人性的回归。

四、休闲体育是未来体育的大势所趋

休闲体育的目的就是舒缓身心，充分展现自我。而这种休闲方式更注重回归自然，获得身心放松，体现生活乐趣。休闲体育活动形式多样，内容丰富，从传统的体育项目如篮球、排球、足球和走、跑、跳等田径项目到漂流、滑翔伞、蹦极以及骑游、远足等休闲体育活动。休闲体育活动的特点就是不受时间、地点、场合、器械的限制，老少皆宜，从事活动人群广泛，注重休闲性、娱乐性和自由性。基于休闲体育的特点，越来越多的人喜欢从事这项运动。对成都市职工体育活动进行的一项调查发现，很多职工喜欢足球，但就休闲体育运动来说，越来越多的人们喜欢网球。这与四川省的环境有关。四川有网坛名将郑洁和晏紫，人们对球星的喜爱带动了这项运动的发展，这项运动的自由性、愉悦性也调动了越来越多的人从事这项体育活动。在欧洲，人们比较喜欢徒步旅行和骑游这些新兴的体育活动，他们利用空余时间和恋人、朋友、亲人及同事一起徒步进行旅行、攀岩、蹦极、漂流等活动，这些活动已经成为他们生活的一部分。21 世纪，休闲生活将占据人们生活的大部分时间，它的特点就是满足了人们日益增长的娱乐、健身的需求，成为人们工作之余消遣、娱乐的一种新的生活方式。

休闲时代的到来改变了人们的生活方式，它是社会发展到一定阶段后的产物。休闲体育对社会主义物质文明和精神文明建设起着重要的作用，是一种积极、健康、乐观的生活方式，它不仅增强了人们的体质，也提高了人们的生活质量。美国学者约翰·凯利曾经说过："休闲应该被理解为一种'成为人'的过程，是一个完成个人与社会发展任务的主要空间，是人的一生中一个持久的、重要的发展舞台。"[①]所以，我们应该加大对休闲体育活动的支持和研究，因为休闲体育不仅是个人发展的需要，也是社会主义精神文明建设的需要，更是社会发展的产物，是全面发展社会、建设小康社会的需要，需要我们大家共同努力，促进休闲体育沿着科学的道路逐步发展。

---

① ［美］约翰·凯利著，赵冉、季斌译：《走向自由》，云南人民出版社 2000 年版。

第二节　休闲体育满足和谐社会的创建需要

构建和谐社会是党中央决定全面建设小康社会、开创中国特色社会主义新局面的一项重要任务，符合了广大人民群众的需求和愿望。和谐社会就是建立公平、公正、安定、祥和、诚信友爱、人与自然和谐相处的社会，即以人为本的社会。随着社会的发展，休闲体育、阳光体育的概念逐渐被大众认可，以休闲娱乐、舒缓身心为体育锻炼的主要目的的休闲体育已经逐步走进了千家万户。和谐社会与休闲体育二者相辅相成，共同促进了社会主义精神文明建设。

一、和谐社会与休闲体育

（一）和谐社会

和谐社会是社会发展到一定程度以后所呈现出来的理想状态，是人们梦寐以求的。一般来说，和谐社会就是人与人之间、人与自然、人与社会所呈现出的一种和谐发展的状态；就是社会高度发展的产物，是生产力与生产关系、经济基础和上层建筑和谐统一发展的状态。我们要建设和谐社会，就是将社会建设成为安定祥和、公平、公正、人与自然和谐相处的社会。这是我们党开创社会主义事业新局面的一项重要任务。这充分说明随着社会经济的不断提升，中国特色社会主义事业总体布局已经展开，社会主义建设正由经济、政治、文化三位一体向着经济、政治、文化、社会四位一体过渡。这种战略举措，具有重要的现实意义和深远的历史意义。

（二）休闲体育

休闲体育就是人们利用空余时间为减轻学习、工作压力、舒缓身心并提高生活水平而参加的一种体育锻炼，它是现代社会发展到一定阶段的必然产物，是一种积极的、阳光的生活方式。我们所说的休闲体育不只是通常所理解的观光旅游活动，而是一种人与自然、社会和谐相处，以健身、娱乐为目的的体育活动。休闲体育就是以体育运动使人获得轻松愉悦的心理满足感，同时也满足了人们“花钱买健康”“人与自然和谐相处”及“回归自然”的愿望。休闲体育具有普及性、大众性、娱乐性、健身性等特点，其形式多样，内容丰富，比如养生运动、户外运动、探险运动、健身运动等。休闲体育的核心价值可以体现在以下几个方面：第一，充分体现人的自身价值，体现人与自然的和谐统一，提高人的生命活力，促进健康；第二，提高人体功能，促进骨骼、肌肉的正常发展，延缓过早地进入衰老期，延年益寿，增强新陈代谢；第三，增强个人、家庭与社会的关系，使人以饱满的精神、激昂的斗志充分展现自我，社会和谐度、生活满意度都得到相应的提高。休闲体育已逐步成为人们生活中必不可少的一部分，是体育锻炼和健身活动的载体，可以提高人们的体质水平。休闲体育一旦被人们认可，就会使人们形成一种休闲体育意识，从一些磨灭人的意志、消磨及浪费时间并且对人体健康有一定危害的活动如麻将、棋牌等中走出来，积极投身到健康的娱乐、健身中去，最终实现养心、养生的目的。

二、休闲体育的社会价值取向

社会价值是指个人及社会组织通过自身的实践活动发现、创造社会或他人物质、精神发展的规律及内在矛盾的贡献。就业压力、生活模式、消费理念、传统习俗都是制约休闲体育发展的根本因素，这些因素会给发展休闲体育的发展带来消极的影响，但随着社会的发展、人们观念的转变，休闲体育的发展迎来了新契机。从社会学角度来讲，休闲体育对于促进人的社会化以及人的社会角色的转变都有积极的推进作用，对人与人的相互了解、交往、建立友谊等起到积极的推动作用。另外,休闲体育在促进人的健康发展、心理发展、个性发展、人际交往、道德规范等方面都有积极的作用,也有利于社会的安定团结。同时,休闲体育在全面发展全民素质、实现终身体育以及全民健身方面提供了平台。休闲体育还是一种使个人成为社会人的过程,也就是说,通过休闲体育活动可实现个人与社会发展的和谐,是一个人在一生中展现自我、表现自我的重要舞台。

三、创建和谐社会需要休闲体育

党的十六大报告明确提出:“全面建设惠及十几亿人口的更高水平的小康社会,使经济更加发展、民主更加健全、科技更加进步、文化更加繁荣、社会更加和谐、人民生活更加殷实。”十六大报告充分体现了小康社会的总体特征,而十六届四中全会进一步提出了构建“民主法治、公平正义、诚信友爱、充满活力、安定有序、人与自然和谐相处”的社会主义和谐社会的任务。社会和谐的基本元素是人、社会和自然,这是社会发展的基础。人是生产力中最活跃的因素,随着知识经济时代的来临,劳动者逐步从生产过程中解放出来,人们有了更加充裕的时间,体育由原来的增强体质、增进健康逐步向娱乐、休闲、养生等方面过渡,满足了人们对精神产品的需求。休闲体育是现代社会发展的产物,也是人们精神需求的产物,它以自身的特点逐渐满足人民群众日益增长的精神文化的需求,是人类精神文化的一部分。

(一)休闲体育有益于个体身心健康

科技的进步、社会的发展使人的异化问题十分严重,体力劳动逐步被机器代替,导致人们体质下降,这也是一种必然趋势。人已经从动物界脱离出来,也就是说,如果不通过工具和人工的异化空间,人类必然被自然淘汰,这是自然界发展的规律,人们也不能破坏这一规律。这种转变对人的精神和体质都将产生巨大的影响。现代化的发展,使人们越来越多地依靠高科技,游戏、网络、聊天工具等逐步取代了人们的大量休闲时间,这些东西正严重地威胁着人类的健康,而休闲体育则是解决这些问题最有效的方法。休闲体育在促进身体健康、使人获得精神满足等方面有着举足轻重的作用,而这些是人们一直以来不懈追求目标。休闲体育与人类精神和身体息息相关,它所体现的正是展现自我、实现自我价值的真正内涵,如健康、快乐、平等、自由、善良和友爱等。人们在从事休闲体育活动过程中,不断提高大脑皮层及神经系统的兴奋性,使肌体对外界环境的变化作出积极、准确的反应,提高呼吸系统、消化系统和心血管系统的机能,促进新陈代谢和陶冶情操,充分发挥个体的积极性、主动性,提高大脑的供氧能力,使大脑保持清醒,提高人体的综合素质如速度、灵敏性和耐力等,使人们充分享受休闲体育所带来的精神满足感。休闲体育从健康、娱乐、养生出发,对人的身心发展要求提高到了精神层面,体现了人文关怀。

世界卫生组织的宪章中明确指出:“健康不仅仅是没有疾病,而且是身体上、心理上和社会上的完好状态或完全安宁。”社会的发展,生活水平的提高,使人们越来越多地重视体育运动对健康的效能,体育锻炼不仅仅是以健身为目的,更重要的是健心效果。休闲、娱乐、健身、养生的现代化生活模式有利于人们舒缓身心、陶冶情操、保持健康的心态,消除压力,它对于愚昧、腐朽的赌博、暴力、色情等不良活动也是一种制约,能引导人们吸收社会正能量,促进社会安定团结。经过调查发现,休闲体育可以有效缓解人们的紧张情绪,消除心理压抑、困惑、焦躁不安等不良因素,这种不良因素的改变适用于所有的人群。所以说,休闲体育有助于调节人们的心理水平,尤其是轻松的娱乐性体育锻炼对心理水平的影响较为明显。除此之外,休闲体育活动能充分实现参与者的自我价值以及心理满足感。

(二)休闲体育促进人际关系和谐,增进社会交往

人在社会生活中要不断地同他人交流,而人与人之间的相处是人类存在的一种形式,人与人之间的交流与人类社会的发展同步。中国科学院社会心理研究所任孝鹏博士曾经说过:“和谐社会不仅是单个的人与人之间的和谐,还包括个人与集体的和谐乃至与整个社会的和谐。”社会的发展进步需要社会构成体的积极性、创造性、主动性,而当今社会给人们带来的压力严重阻碍了人与人的相互了解。这些压力包括就业压力、竞争压力、家庭压力及社会环境压力等各个方面,这种机械化大生产、高压力、快节奏的社会形式已经成了发展休闲体育的一道屏障。通过调查发现,人与人之间的交往需要抱着乐观、阳光的心态。休闲体育活动增加了社区居民相互间的交流、友谊与来往,满足了人们日益增长的需求。休闲体育活动可以促进不同年龄和性别的人之间的友谊,有利于社会主义精神文明建设。休闲体育可以促进人们的心理健康,增加人们之间的往来,从而营造温馨、舒适的工作、生活和社会环境。人们在休闲环境的影响下,才能更加积极、主动地投入生活。

(三)休闲体育维护社会稳定,促进社会安定有序地发展

据2003年统计,我国GDP达到人均1090美元。根据一些学者的观点,将人均GDP 1000～3000美元作为一个阶段,在这个阶段经济容易失调、心理容易失衡、社会伦理需要重建的关键时期。这个阶段是比较脆弱的阶段,也是矛盾比较严重的阶段,如果政策一旦失误,将会激发这些矛盾,对社会的稳定产生一定的影响。积极、健康、娱乐、休闲为一体的体育活动减弱了人们的奢望,使人们以阳光的心态看待社会的发展,从而在客观上纠正一些不良因素,有利于社会的安定团结和繁荣昌盛。通过调查发现,人们如果不积极参加一些休闲娱乐活动,容易产生消极的心理,对社会的发展产生负面的影响,还容易产生抑郁症,甚

至让一些青少年成天无所事事，造成对社会的危害。通过整理发现，在各项大赛比赛期间，犯罪率明显下降。在 20 世纪 80 年代，法国最早将休闲体育活动作为一项降低或者防治社会问题的直接、有效的手段。这充分说明休闲体育有助于社会的安定团结、和谐统一及稳定和发展的价值。

（四）休闲体育扩大内需，促进经济和谐发展

说到底，休闲体育实际上是社会文明高度发展和进步的产物，是社会物质文明和精神文明的产品。也就是说，休闲体育在使人们进行休闲、娱乐的同时促进了国民经济向着健康、和谐、持续发展的需求。休闲体育在当今社会具有极强的生命力，为经济的发展、科技的进步提供了新的平台。随着社会的发展，一批新兴的体育产业逐渐兴起，这些产业主要是与体育活动相关的一些产业领域，譬如广场舞、健身娱乐场所、各类型体育活动竞赛、体育旅游业等。这些在发达国家表现得尤为突出，在这些国家第三产业中所占的比重越来越大，尤其是休闲体育产业更为重要。随着经济的进步、社会的发展，发达国家越来越重视休闲体育生活，一些发展中国家也会逐步赶上世界的步伐。据统计，美国休闲消费逐步升高，约 2800 亿美元，占 GDP 的 7%，而休闲体育产业也逐步成为国民经济的新的支柱产业。尽管我国是发展中国家，与发达国家相比各项指标相对落后，但随着人民生活水平逐渐改善，一些城市居民已经达到享受休闲生活及消费的能力，这为我国休闲体育产业的发展提供了一定的条件。休闲体育产业也成为经济新的增长点且占据的比例逐步增加。

总而言之，在人类社会发展过程中，随着闲暇时间的增多，经济增长带来的丰富物质和文化供给以及人类主体观念的转变必然导致休闲时代的来临。尽管如此，休闲时代还是一个具有争议的时代，经济学上基尼系数我国已超过0.4，这意味着在我

国的社会结构中,依然是少数人掌握着大部分的财富和社会资源,在创建和谐社会的过程中,如何让社会各个阶层都可以分享到改革的成果是一个巨大的社会议题。

第三章　休闲时代下休闲体育区域化发展

第一节　城市与农村休闲体育的发展

一、城市休闲体育的发展

城市休闲体育的活动场所一般以社区、广场等为中心，以休闲、娱乐、健身、养生为目的，其主要作用在于通过休闲体育倡导健康、文明的生活方式，以便于人们以积极、主动、阳光的心态来从事各种工作，进而提高生产效率和生活质量。在我国，城市休闲体育正向社会化、社区化、家庭化、设施配套化、活动内容多样化和高档化方向发展。

下面以城市社区体育为例，简要阐述城市休闲体育的发展状况。

随着全面建设小康社会进程的加快，优化社会环境、构建和谐社会、提高人们身心健康水平、提高生活质量正在成为全社会普遍关注和追求的目标。城市社区体育也将随着我国社会、经济的快速发展而得到长足的发展。

以社区为中心的体育活动形式多样，内容丰富。各种健身体育活动的广泛开展，满足了社区居民的保健、养生需求，而社区的体育设施、自然条件为居民从事体育活动提供了基础，创造了条件，提供了更多的体育服务，可使人们的身心健康水平得到有效的提高，并增强其工作能力、抵抗能力和适应能力，提高生活质量，促进社区的和谐发展。同时，积极从事体育活动对调节心理、联络感情也有积极的作用。

当前，我国社区居民从事体育活动的年龄比重有很大差异，其中老年人参与体育活动的比重大，青少年次之，中年人则很少。老年人退休后参加体育锻炼，一是因为有较多的余暇时间，二是受身体机能衰退和心理变化的影响，更加关注自己的身心健康。青少年则在沉重的课业、创业负担压迫下，渐渐地远离体育锻炼。而中年人由于上有老、下有小，在家庭生活的重负和工作繁忙的压力下，基本上脱离了体育健身锻炼。除了客观原因对参加体育锻炼的影响外，青少年和中年人可能更多的应该是受自身体育观念和意识的影响。他们中的许多人缺乏健康意识和体育观念，总是认为自己年轻、身强力壮，可以不用锻炼身体，锻炼是以后的事。所以要进一步加强对体育锻炼的意义、作用和功能的宣传教育，通过各种形式的宣传、报道和培训来传播科学的体育知识与技能，形成体育健身的舆论导向，从而使社区居民积极主动地参加体育活动，提高居民对体育活动的兴趣爱好以及体育意识，改变陈旧的观念。同时，要加强对城市社区全民健身活动开展科学指导。实际上，在体育健身活动中，许多人由于未能获得科学有效的指导，没有学会和掌握正确的健身方法和技能，极大地影响了锻炼效果，甚至发生了不应有的伤害事故，严重挫伤了他们参加体育锻炼的热情和信心，导致他们从此远离体育运动。因此，对社区居民参与体育活动应加强指导，使其掌握科学的健身方法，使参与者具备基本的健身常识和技术动作，能正确地从事体育活动，从而实现增强体质、保持健康的目的，并从中获得运动的乐趣，实现社区全民健身活动的健康发展。

城市社区全民健身活动的健康发展除了加强宣传、教育，引导人们培养体育意识，强化体育健康观念，科学地进行组织、管理和指导以外，还必须有较为完善的体育社团给予强有力的支持和辅助。随着科技发展，人们的生活水平逐步提升，生活节奏逐渐加快，生活压力也随之而来，加上人们不懂得如何保证膳食营养，诸多现代社会的“文明病”（如肥胖、高血压、糖尿病、恶性肿瘤、神经衰弱等）以及环境污染等给人类的健康造成了极大的危害，并有继续蔓延的趋势。为此，人们也比以往任何时候都更加关注健康，对体育健身的需求日趋强烈，期望拥有健康，享受高品质的生活。因此，构建完善的社区体育社团是十分必要的。各种体育协会通过经常举办群众性的体育活动，将有相同兴趣、爱好和特长的社区居民集合在一起，有利于将分散的群众体育活动组织起来，人们体育锻炼的方式更加合理、科学、有序，也增加了人们之间的友谊和相互交流与了解，打造了科学锻炼的良好环境和氛围，培养了自觉从事体育锻炼的好习惯，改善了人们的生活方式，提高生活质量；同时，丰富多彩的社区文化生活和社会交往促进了人们之间的沟通与交流，加深了感情和友谊，有利于社会主义精神文明和社会和谐建设。

众所周知，体育设施是影响大众体育健身活动开展的关键因素之一，体育场地设施是人们从事体育锻炼的重要前提条件之一。随着生活水平的提高和终身体育以及全面健身的广泛推广，人们健身锻炼的意识逐渐提升，更多人开始关注健康，愿意为健康投资。然而，体育场地设施供给的滞后，已经成为严重影响和制约社区体育健康正常发展的关键原因。因此，改善城市社区的体育场地设施已成为当务之急。在现有条件下，本着以人为本、服务大众的理念，要逐步改善体育运动的条件，为大众提供参加体育锻炼必要的体育设施和体育服务。因此，除了吸收政府和相关单位部门积极投资外，还要吸纳社会资金并在相关职能部门的配合下扩建体育场馆，购买更多的体育设施器材，增加健身消费的投入，满足群众的健身需求。另外，社区和社区内的企事业单位以及学校等在不影响工作、学习的情况下要合理地共享资源，如体育场地、设施和健身器材，以缓解健身场地和体育设施不足的现状，满足群众和社区居民的健身需求。这也有利于终身体育和全民健身计划的顺利开展和推广，使越来越多的居民积极主动地参加体育活动，丰富社区居民的生活方式，改善社区居民的体质和健康状况，缓解工作和学习的压力，达到提高生活质量的目的。

社区居民是社区体育活动的主要群体，包括不同年龄、不同性别、不同健康状况、不同体育基础、不同体育锻炼需求、不同文化程度、不同职业、不同工作时间、不同经济状况的各种人群。为了尽可能地满足各种人群的不同体育需求，在设计与组织社区居民健身活动时要力求以人为本，与时俱进，服务居民，统筹兼顾各种人群的需要。在组织和引导社区居民参与健身体育锻炼时应注意以下几个方面：

（一）立足社区，因地制宜地开展体育活动

城市社区体育是某一特定区域内的群众体育活动，其目的是满足该区域内成员的体育需要。因此，在设计与组织时，必然是要立足于这个特定的区域，根据社区内的体育设施、场地、器材的情况和居民健身的需求以及健身经费等问题，因地制宜地制订健身方案，合理有序、科学地开展体育活动。

（二）因人而异，一切从实际出发

城市社区体育活动的对象是某一个特定区域内的全体居民，其中包括老年人、中年人、青年人、少年儿童，有男性也有女性，还有残疾人参与。他们之间存在着不同的个体差异。同时，由于经济条件、文化层次、地域环境、职业特点等方面的不同，他们的生理和心理特点也有区别，对体育的需求也就不一样。因此,在设计与组织城市社区全民健身活动时,一定要从本社区的特点出发,根据不同参与者的具体情况,一切从实际出发,因人而异地给予区别对待,选择适合他们的活动内容和活动形式,提高体育活动的质量,以满足不同参与者的体育需求。

(三)量力而行,注重科学性、实效性

开展社区全面健身体育活动的目的就是增强社区居民体质,增进健康。要将全民健身和终身体育意识注入人们的脑海,对健康、科学的体育锻炼进行有效的宣传和推广,使群众真正了解体育锻炼的目的,让人们知道体育锻炼对健康状况的影响。只有循序渐进地坚持体育锻炼,才能取得理想的效果。在锻炼过程中要结合参与者的个体差异,对他们进行有针对性、科学合理的帮助和指导。活动应量力而行,要循序渐进地进行身体锻炼,有效地预防锻炼中伤害事故和疾病的发生,使锻炼者切实从中得到实惠,达到增强体质、提高锻炼效果的目的,让参与者更加积极主动、充满信心地从事体育锻炼,不断地提高他们的健康水平,从而推动城市社区居民健身体育活动健康发展。

二、乡镇休闲体育的发展

乡镇休闲体育开展的范围是以乡镇为主,在群众周围开展的以健身、娱乐为目的的体育活动,主要是以乡镇休闲体育的开展为依托,带动农村体育健身的发展,提高农村群众健身、休闲、娱乐的意识。

乡镇休闲体育的主要目的是增强农村群众的体质状况,发展身心,丰富农村休闲体育文化,改变人们的锻炼意识,让群众积极主动地参加体育活动。除了传播具有当地特色的体育文化外,还应该着重推广一项体育活动(含非奥运项目),并以该项目的普遍认可和广泛推广为抓手,不断提升群众的运动技能水平。

乡镇是连接城市和农村的中枢纽带,相对于农村来说是高于农村的市场形态，是农村和城市商品交流的桥梁。要想发展好乡镇休闲体育，应从以下几个方面着手：

（一）提高思想认识，强化政府职能

农村体育活动的开展首先要得到政府的支持，尤其是目前我国农村休闲体育意识不强，还处于萌芽阶段，政府理应扶持乡镇和农村休闲体育文化的发展。这就需要各级政府的共同努力。政府在发展经济的同时也要有长远的眼光，真正把休闲体育与当地社会发展及经济发展紧密结合起来，加快农村建设的步伐，抓住历史发展的转折点，提高农村全民健身意识，加大社会支持力度，改善农村体育运动场地设施，建立管理机制，解决现实问题，使农村休闲体育的发展与推广无后顾之忧。

（二）加强队伍建设，健全组织机构

农村体育设施不够完善，人们居住得比较分散，另外由于外出务工及从事农业耕作等种种原因，人们在时间上难以统一，再加上缺少统筹安排和组织纪律性，要想开展体育锻炼是十分困难的。因此，以乡镇为依托统筹安排体育活动十分重要。每个乡镇都应建立体育工作（或全民健身）领导小组，由乡镇主要领导担任负责人，并设立一定的体育锻炼指导机构，如文体工作站、健身指导中心等。同时，县级文体部门要进行定期指导和制定目标计划，吸纳一部分热爱体育并具有体育常识的工作人员。要充分发挥共青团、妇联等群团组织作用，开展丰富多彩的体育活动和体育比赛。另外，为了解决农村、乡镇健身指导人员缺乏的状况，可以由县级文体局利用农闲时间在农村培训一批业务骨干，以便于科学、有效地促进农村体育的发展。在农村体育运动骨干的带动下和鼓舞下，相信会有越来越多的群众感受到体育锻炼的重要性，并主动参与进来，不断壮大农村休闲体育锻炼的队伍。

（三）因时因地制宜，广泛开展活动

各个乡镇可以根据本地农村的实际情况，利用传统节日（如春节、端午、中秋等）开展体育比赛和表演活动；农村体育锻炼的项目可以以农村传统的体育活动或者常见的锻炼项目为主，如扭秧歌、大众操、广场舞、舞龙狮、荡秋千、踢毽子等，在一些经济条件比较好的乡镇，可以引进篮球、网球、羽毛球等体育项目，以丰富群众活动内容。

（四）推介先进典型，实现以点带面

榜样的力量是无穷的。农村基层体育的推广可以从经济条件较好的乡镇或者是体育基础较好的村庄开始，以便于对其他乡村起到示范作用。为了实现全民健身、终身体育的目标，大力宣传体育活动，除了积极参与国家开展的评比，各级政府也要响应国家号召，对开展体育较好的乡镇要大力宣传，并不定期开展农村休闲体育大会，将体育发展较好的乡村向县、市、省乃至全国宣传并表彰，将自己的经验推广到全国，使大家相互学习、共同进步。

（五）要落实工作经费，创造外部条件

乡镇休闲体育事业的推广和普及需要大量的人力、物力及财力的投入。因此，乡镇政府必须将体育经费作为乡镇投入的一部分，且须完善监督机制以确保落实到位。从目前情况来看，应争取人均体育投入突破一元钱，且逐年增加。加快乡镇体育设施的建设，在现有条件下，以乡镇为源头，逐步向农村延伸并建立农村休闲体育活动中心，集中力量加快体育活动中心等硬件设施的投入，随着经济的发展逐渐增加农村休闲体育活动场所，以确保农民健身的需求。

（六）发挥技术优势，加强业务指导

县级文体局要设立监管机制，不定期地对乡镇休闲体育活动进行指导和帮助，也要不定期地对乡镇体育推广状况进行深入了解和调研,如对乡镇领导注入体育思想,改变其领导观念,增强其体育法制意识,提高他们的实际工作能力。此外,还应设立专门的健身指导中心,对农村骨干进行培训,壮大体育人才队伍;经常举办城乡结合的体育活动和比赛,加大宣传力度,不断促进乡镇休闲体育活动的发展。

三、农村休闲体育的发展

农村开展的体育活动多为民族传统体育项目,它们均带有浓厚的乡土气息,具有显著的文化传承特点。如果我们不断地进行加工改进以及提炼,一些具有传承价值且体现当地文化的体育项目就可以代代相传。具有鲜明的民族特色的体育活动,在我国传统节日里的体育文化活动中都有所体现,如春节的龙灯、舞狮,端午节的龙舟比赛,重阳节的登山活动以及赛马、叼羊、荡秋千、珍珠球、摔跤等众多项目,都带有明显的民族传统地域特色。

我国是一个有着悠久历史文化传统并且正在积极进行改革开放的农业大国。截至 2014 年底农村人口有 6 亿左右,占中国人口总数的 45%。无论是社会的稳定、经济的发展、文化的繁荣,还是体育事业的蓬勃发展,都离不开农村和农民。他们的体育健身效果关系到中华民族整体素质能否得到提高,他们的体质状况与健康水平直接反映出国人的体质状况和健康水平,具有相当的广泛性。但是由于我国农村幅员辽阔,地域分散,经济基础比较薄弱且区域发展不平衡,大部分地区也才刚刚解决温饱问题;许多农村社区既缺乏体育活动场所和体育器材,又缺乏相应的组织和指导,加之农村居民受文化教育程度的局限,广大农民(包括不少村干部)对体育健身尚缺乏正确的认识,体育意识极为淡漠,普遍存在着“干了农活就不用运动”的观念,将农活等同于体育运动。因此,长期以来,提高广大农村休闲体育兴趣，使其积极、主动、科学、有序地主动参与休闲体育活动十分困难。

由于一年当中有农忙、农闲之分，这就造成了农村社区体育活动会随着季节的变化而产生波动。在农忙季节体育活动会较少开展；反之，在农闲季节或是在隆重的节日里，体育活动则开展得较为丰富。改革开放以来，特别是近几年，随着农村物质条件的好转和机械化设备的广泛运用、闲暇时间的增多，农村社区的体育需求发生了变化。农村休闲体育活动的内容也更加丰富多彩，参与者可以根据自身的具体情况，随意地选择自己喜爱的体育活动。

随着改革开放的不断深入发展，在建设具有中国特色小康社会的进程中，拥有 6 亿人口的农民体育活动开展得好与坏，直接关系到我国民族体质和健康水平的发展趋势。农村地区人们的体质状况、心理健康等因素直接影响着我国小康社会的建设，也就是说，要提高农村生活水平，达到小康社会，提高农民的身心健康是前提。农村体育事业的发展也是我国建设体育强国的重中之重，农村体育发展水平具有重要的战略意义，其发展对于提高整个国民体质和健康状况起着举足轻重的作用。目前，虽然农村经济发展迅速，农民的生活水平得到了较大的提高，闲暇时间增多了，但是就全国而言，其经济基础仍然较薄弱并且区域发展不平衡，不少农村社区既缺乏体育活动场地和体育器材，又缺乏相应的组织、指导和帮助。同时，农民由于受教育程度较低，缺乏正确的体育健身观念，闲暇时间并没有得到合理的利用和开发，不少农村中的黄、赌、毒等丑恶现象，封建迷信及非法宗教活动仍然猖獗。因此，要用战略的眼光来认识对待农村社区体育的开展，把它纳入全面建设小康社会的发展规划，并作为构建社会主义和谐新农村的重要组成部分。同时，充分重视对体育的宣传，利用多种形式，加大宣传力度，针对不同人群开展不同层次、不同形式的宣传咨询活动,如:利用广播、板报、咨询、辅导站等各种形式进行体育宣传;增设农村休闲体育健身指导橱窗,宣传体育健身知识与健身手段和方法,宣传健康第一、体育健身的理念,转变和提高农民体育健身的意识和观念,引导和鼓励农民合理利用闲暇时间进行体育活动,丰富他们的日常文化生活内容,改善其生活方式,提高其生活质量。同时,要加强和改善农村休闲体育场地设施的多元化建设,依靠各级政府支持和投资,并组织乡镇企业和社会各方的力量,有计划地扩大农村休闲体育场地设施的建设规模,为农民提供体育健身锻炼的物质条件,使农民享受到基本的体育服务,提高他们的参与积极性和参与程度,推进农村社区体育活动的健康发展,增强身体素质,提高健康水平。

而在农村建立体育健康指导中心对农民健身指导起着重要的作用。健身指导中心要以各种形式对农民健身提供指导和帮助,并且不定期地开展各项体育赛事的宣传,让农民在宣传中受益。我国的农村社区健康指导中心建设严重滞后,许多乡镇、村至今仍然没有体育组织,也没有专职或兼职的体育干部,致使农村的社区体育未能得到有效的开展,不能更好地适应社会主义新农村的建设。长期以来,农村社区体育活动难以开展,关键在于体育组织的严重缺失。所以,在开展农村社区体育活动时,要关注和重视其体育社团的建立、发展和完善,结合农村社区的特点和农民的体育兴趣、爱好、要求成立不同的体育组织。应借助体育健身指导中心的平台举办各种体育竞赛活动,将以个体为单位的体育活动有效地组织起来,健康、科学、有效地帮助农民参与各种类型的体育活动,促进参与者之间的相互学习、相互交流,拉近人与人之间的距离,增进人们的感情交流,培养体育锻炼的意识,养成锻炼身体的习惯。这种竞赛有利于丰富农民的业余文化生活内容,改善他们的生活方式,提高他们的生活质量。

农村休闲体育需要结合农村特点，设计适宜的体育健身活动：

（一）坚持与生产劳动和文化活动相结合

在号召农民参与各种体育活动时，既要遵循自愿、主动、因地制宜、科学文明的原则，又要突出趣味性、健身性、娱乐性、社交性、民族性和科学性。同时，还要注重选择和设计与生产劳动密切相关的活动项目，选择地方特色浓郁、民间传统突出的项目，以适应和满足农民的实际需要，从而调动农民参与体育健身活动的积极性，逐步转变观念，增进身心健康。

（二）大力倡导和推广适合农村社区特点、经济实用的健身项目

由于农村的经济发展水平滞后，体育锻炼的场地、器材设施有限，在设计体育健身项目时，要充分地考虑到这一现实特点，要结合农民的实际情况，大力倡导和推广适合农村社区特点、简单易行、经济实用、科学健康的体育项目，逐步形成具有本地区特色的体育活动品牌，号召越来越多的农民群众加入到休闲娱乐活动中来。

（三）广泛开展农民喜闻乐见、丰富多彩的体育竞赛活动

要坚持实事求是、科学务实的精神，设计出适合农民需求、具有农村社区特色、农民喜闻乐见的体育竞赛活动，力求使农民体育竞赛活动常规化、制度化。各体育社团要充分利用传统节假日和农闲季节组织开展多种形式的体育竞赛活动和表演活动，并形成制度，定期举行体育竞赛，为农村社区居民参加体育健身活动创造条件和提供服务。通过竞赛和表演活动，宣传普及体育健身的科学知识，提高农民参加体育锻炼的热情和积极性。各体育社团之间要相互配合、相互联系、统一规划，有序地组织开展体育竞赛活动或举行表演活动，使农村社区的体育竞赛活动保持经常性、不间断性，营造良好的体育健身氛围，丰富农村社区居民的文化生活内容，抵御不良生活习惯的侵蚀，改善

人们的生活方式，提高其生活质量，建设充满生机、活力的社会主义新农村。

第二节　东部与西部休闲体育的发展

一、东部休闲体育的发展

在国内，东部沿海地区经济比较发达，人们生活水平较高，与体育有关产业的发展一直领先于国内其他地区。沿海地区最大的特点是借助于举办大型的体育赛事推广体育产业，获得一定的经济收入，然后再以这些收益反哺群众，让大众感受体育带来的社会效益和健身成果。政府部门的体育产业发展策略，集中在休闲体育、产业基地等细分市场以及对可持续发展的思考。下面以浙江为例，进行重点探讨。

休闲运动是随着时代的发展而逐步兴起的新的体育运动形式，单从字面意思就可以知道休闲运动包含两层含义：一是具有休闲、娱乐的特质，二是具有体育自身的特性。浙江休闲体育运动发展的特征主要表现在：城镇居民体育运动休闲以短途旅游和近距离游为主；休闲体育运动的需求以大众需求为主；人们根据年龄的不同选择的休闲运动方式有所不同；休闲体育运动的商业化发展以"贴近自然，健康快乐"为主题。

浙江体育运动休闲可规划为九大板块：一是以高尔夫为主的集群板块；二是环杭州湾为主的休闲运动板块；三是环太湖为主的极限运动和以衢州、丽水、临安、安吉为主的登山、攀岩等户外运动板块；四是以舟山、象山等为主的环海海钓休闲运动板块；五是千岛湖、钱塘江、富春江和舟山海上的游艇休闲运动板块；六是以衢州龙游的汽车拉力赛和杭州汽车漂移大赛为主的休闲运动观光板块；七是以温州楠溪江、泽雅大峡谷、永安、台州、仙居等为主的水上漂流板块；八是以一市一项的国际国内重大传统品牌赛事来带动赛事观光参与休闲活动板块；九是以杭宁温为主的赛马运动和休闲观光板块。浙江旅游资源的地域性特点是以山水著称，因此，浙江围绕“诗画江南，山水浙江”的形象主题，根据体育运动休闲产品参与者的中青年化和休闲方式的短途游特点，主要开发社区体育运动休闲产品、市域体育运动休闲产品和周边区域体育运动休闲产品，并做好以下几个方面的工作：

第一，提升社区参与度和专业人才培养，完善管理体制。注重培养大量的相关专业人才，特别是危险性大的体育运动休闲项目，管理者一定要有相关的专业知识，从而使参与者尽量避免运动中受到事故伤害或引起相关的法律诉讼。

第二，整合内部资源，提升大型体育赛事影响力，力争使赛事既能满足体育参与者的需求又能满足体育观赏者的需求，既能满足本区域、国内体育运动休闲者需求，又能吸引国际体育运动休闲者来浙江进行体育运动休闲。

第三，加强区域合作，打造长三角体育运动休闲品牌。浙江省体育局整合全省、环太湖区域和整个长三角地区的体育运动休闲资源，打造具有特色的体育运动休闲品牌，整合全省体育运动休闲资源，为浙江省体育运动休闲的业发展奠定基础。

二、西部休闲体育的发展

西藏、新疆、青海等西部省（自治区）体育产业发展的特点为：不照搬东部地区的模式。这些地区借助天然地理优势，以山峰、冰雪及传统的民族特色为载体，将这些新兴的休闲体育项目融合在旅游业中，能让人亲临其境，挑战自我，磨炼意志，最终实现自我超越。下面以贵州为例，进行重点探讨。

众所周知，贵州是诸多少数民族聚居地，因此要将贵州的民族文化特色以及民族风情充分体现出来。贵州省的特点就是城市群山环抱，绿树成荫，河流穿城而过，街道整洁，高楼林立，广场众多。

贵州的自然条件及文化氛围决定了它是一个拥有丰富的天然物质资源的户外运动中心，贵州的自然风光及特点也使贵州成为开展户外运动的理想之地。

针对贵州在打造户外运动品牌赛事过程中存在的问题，借鉴国内外成功品牌赛事的经验，提出以下对策和建议：

解放思想、转变观念、统一认识。赛事主办单位或承办单位及政府部门对体育在社会发展过程中所带来的经济利益要有充分的认识，为打造贵州省休闲体育赛事品牌创造条件。

合理选择赛事项目，发挥内在价值。休闲体育运动的选择要将当地文化习俗、自然景观、民族风情以及城市建设有效地结合起来，挖掘其内在价值，以达到宣传的目的。

注重赛事水平，力邀高水平运动员参赛。吸引国内外高水平运动员参加贵州的户外运动赛事，准备较充足的经费，合理安排比赛日期。

按照市场运行机制，合理使用赛事经费。户外运动赛事涉及面广，资金需求大，因此赛事主办方一定要做好经费预算并将相关资金筹措到位。如果没有充足的预算或经费不足，会对体育赛事的正常运转造成严重的后果，品牌效益大打折扣，无法保证赛事的持续性。

赛事宣传十分重要，因此要重视与媒体的合作。赛事主办单位在整个赛事过程中要有足够的费用支撑，以达到对整个赛事进行的推广与宣传的目的。媒体机构应该从社会发展的大局出发，推广有特色的户外运动赛事，达到宣传与效益的双丰收。

明确体育赛事项目，走长期发展的路线。品牌赛事的推广需要长时间的宣传和持续性地举办赛事活动。赛事项目的选择一定要符合当地的文化习俗、地域特点，一旦确定赛事项目，就应该持续发展下去，不能因其他种种原因而终止。

注重赛事环保，加强赛事安全。户外运动体育赛事是在户外进行的体育活动，赛场复杂而多变，所以保障运动员和观众的安全是最重要的环节。同时，赛事主办方须提高环保意识，特别是要保证在自然景区中的比赛不损害生态环境。增强安全意识、减少环境破坏是保证户外运动可持续发展的重中之重。

第四章　休闲时代休闲体育群体化发展

第一节　少儿群体休闲体育的发展

一、儿童少年的界定

在我国，儿童少年是指处于儿童期、少年期两个不同年龄阶段的人口群体。根据儿童少年生长发育的规律、身体形态变化、生理和心理特点，两个时期的年龄阶段大致可以分为儿童期6～11岁（相当于小学时期），少年期12～15岁（相当于初中时期）。

身心发展在6～11岁的阶段是非常重要的，这个时期的身心发展决定着人的一生，因此这个阶段我们通常称为“奠基阶段”。提高儿童少年身心素质就能为提高全民族素质打好基础。儿童少年的身心发展是每个个体在身体形态机能与素质（包括身高、体重、神经系统、生理机能）、个性心理品质、社会化人格等方面不断发展和完善的重要过程。

儿童少年在我国总人口中是一个庞大的人口群体，在体育运动和社会体育活动中是一个庞大的群体。为了更好地开展和推动儿童少年体育运动，促进他们的身体素质、心理素质和社会素质等健康发展，培养适应新世纪发展的人才，必须根据儿童少年身心发展的特点和规律，组织开展儿童少年的体育活动。

二、儿童少年的生理特征

人的生长发育时期通常认为是 20 年左右的一个不间断的过程。在这一过程中，由于遗传、自然和社会环境、营养、体育锻炼等多种因素的影响，虽存在较大的个体差异，但同时又有应遵循的基本规律。人的生长发育是不断由量的变化到质的变化的复杂过程，它不仅表现为身高、体重等变化，而且表现为各器官、系统功能和机体能力的不断改善与提高。

（一）儿童期的生理特征

总的来看，儿童期阶段的身体生长迅速，但不成熟，主要特点有以下几个方面：

1. 身体的发育

(1)身高和体重的变化

这一时期儿童的身高和体重有显著变化。儿童进入学校，身高为 110～120 厘米，体重为 19～20 千克。以后身高平均每年增长 4～5 厘米，体重平均每年增加 2～3 千克。到青春发育初期(女孩 10～12 岁，男孩 11～13 岁)，生长速度显著加快，身高每年平均增长 7～8 厘米，体重每年平均增加 5～6 千克。

(2)骨骼和肌肉系统的发育

儿童时期的骨骼比较柔软，骨化过程尚未完成，与成人相比，儿童骨骼组织含水分较多，胶原物质较多，钙、磷等成分少，因而骨的柔韧性大而硬度小，身体姿势对身体的形态影响较大。儿童肌肉属于发育期，还不够成熟，因此肌肉内所含的水分较多，蛋白质、脂肪、糖以及无机物相比成人来说所占比例较少，肌纤维发育不完善，虽然有弹性但力量不足，所承受的持久耐力较差，容易疲劳；儿童各肌肉群发育不平衡，比较大的肌肉群首先开始发育,而小的肌肉群如手部的小肌肉发育较晚。

(3)心血管系统的发育

儿童时期心脏仍处于发育期,各项功能还不完善,而新陈代谢十分旺盛,所以儿童需要不断增加心脏的搏动频率以适应机体的需要,这就是年龄越小,心率和脉搏次数越多的根本原因。由于支配心脏的神经到16岁左右才发育完成,所以儿童的心搏在16岁以后才比较稳定。儿童血管的发育超过了心脏的发育,血液循环量较大,而心肌不发达,收缩力较小,因而心脏输出血量较小。

(4)呼吸系统的发育

儿童时期由于胸廓狭小,呼吸肌不发达,肺容量相对较小,又因为代谢旺盛,对氧的需求量相对较高,因而呼吸频率较快,但以后会随着年龄增大而减慢。儿童的肺部结构已与成人基本相同,但肺泡数量较少,随着年龄增长,肺容量逐渐增大,肺的呼吸功能也随之增强。

2.大脑和神经系统的发育

(1)大脑的发育

儿童时期的大脑结构不断完善。脑重量从7岁时的1280克,发展到9岁时的1350克,12岁时增长到1400克,基本接近成人水平。

(2)神经系统的发育

儿童时期的神经细胞体积加大,神经细胞的突起增多,出现了新的神经通路,神经纤维不断加长;大脑各区进一步成熟,特别是额叶增长显著,大脑机能进一步发展,大脑皮质的高级神经活动的基本过程——兴奋和抑制不平衡,相互转换快,兴奋占优势,条件反射更容易形成,在各种活动中仍依赖第一信号系统,对具体、直观和形象的感性材料容易掌握,第二信号系统在学习及其他活动影响下也日益发展起来,并随年龄增大逐渐占有主导地位。

(3)性发育

儿童开始向少年时期过渡阶段,也就是青春期初始阶段,通常女孩一般是在10～12岁,男孩一般是在11～13岁,这个时期身体各项指标都发生了一系列的变化,如生殖系统逐渐发育并伴随形态、功能及心理产生了剧烈的变化,进入第二性征阶段。青春发育期是儿童成长过程的一个转折,尤其是在心理及行为方面会有很大变化。

(二)少年期的生理特征

少年期是身体发育的关键时期,是生理发生急剧变化的时期,在生理上,少年已进入青春发育阶段。少年期是人一生中两次“生长高峰”中的第二次高峰。少年期是儿童期向青年期发展的过渡时期,是个体由不成熟走向成熟的人生转折期的开始。从生理变化特征看,归纳起来主要有身体外部形态、身体机能、神经系统和性发育四个方面的变化。

1.身体外部形态的变化

(1)身高变化

青春期是身高发育的最快时期,在这个时期身高每年以6～8厘米,甚至10厘米左右的速度增长,身体形态逐渐开始向成人转化。

(2)体重变化

随着身高的增长,体重的增长也十分显著,平均每年增加5～6千克。少年体重的增长并不像成年人似的表现为脂肪的增加,而是表现为骨骼、肌肉和内脏发育的增长。在青春发育期,青少年的骨骼组织、结构、密度、长度都发生了变化。在儿童期,儿童的骨骼是由纤维组织和软骨构成,而到了青春期之后,软骨已为坚硬的骨骼所代替。肌肉发育随着骨骼的变化而变化,大肌肉群先增长,小肌肉群随之增长,肌肉力量增强,耐力提高。

2. 身体机能的健全

(1)心脏的发育

少年期是心脏容积扩展最快的时期之一,可达 140 毫升;心脏由于心肌的不断加厚而迅速增长,心脏的收缩力也显著提高;心脏每分钟收缩的次数逐渐减少,9～15 岁是 75 次(成人为 72 次左右)。

(2)肺的发育

人体发育过程中,肺的发育过程不是匀速的,它有两个飞跃性的发展时期,一个是在出生后 3 个月,另一个是在 12 岁左右。肺泡的容积随着身体的发育而增加,肺泡容量增加,呼吸频率降低,肺活量增加。在青春期,每分钟呼吸次数已经有所下降,一般在 20 次/分,直到青春期结束阶段基本达到成年人的水平,通常为 16 次/分。

(3)肌肉的发育

青春期是人体各器官机能发育时期,肌肉在这一时期发育特别快,力量也随之增加。而肌肉的重量与体重的比例是伴随着年龄的增长而增大的。这一时期,肌肉的增长以长度为主,体重快速增长的时期,则表现为肌纤维变粗,通常女孩一般在 11～13 岁,男孩一般在 13～15 岁,这个时期身高突飞猛增,肌肉的长度也逐渐增加;当年龄达到十六七岁时,身高增长的速度逐渐减缓,肌纤维明显增粗,肌肉也变得坚实有力。随着肌肉组织的发育,作为身体重要机能的运动能力也随之迅速发展完善起来。

3. 神经系统的发育

(1)大脑形态的发育

12～14 岁时脑重基本处于人脑重量的平均值,一般是 1400 克左右,12 岁时已经基本达到成人的脑容积。脑重量和脑容积的发展说明在青春期脑的形态发育已基本完成,这就为人进入青春期后产生更高的心理活动奠定了物质基础。

(2)神经系统结构的成熟

大脑皮层神经细胞的髓鞘化，是神经系统结构完整和成熟的标志，它保证了神经通道的畅通，加快了兴奋的传导速度。儿童6～7岁时的大脑皮层神经细胞的髓鞘化已接近完成，但此后这种髓鞘化过程要一直延续到14～15岁才结束；另外，大脑皮层各区域也趋于成熟，尤其是额叶的发展。少年期大脑皮层各区域的成熟标志着大脑结构和机能的发展过程已基本结束。

(3)神经系统机能的完善

少年时期高兴奋性已成为大脑神经活动的主要特征。相对来说，兴奋过程比抑制过程要强，兴奋与抑制之间的相互转化也比较快，这是由于刚进入青春期时，甲状腺机能旺盛的刺激直接引起了神经系统兴奋和抑制过程中的不平衡现象。青春期末期，兴奋与抑制过程就逐渐趋于平衡。

4.性发育趋向

性发育趋向成熟是少年期身体发育极其重要的特征，这一特征表明个体的生理发育已经成熟，个体向成人转化过程中发生质的飞跃。其主要体现为："第二性征"的出现，女孩一般在14岁左右来月经初潮，男孩在16岁左右出现遗精。

三、儿童少年的心理特征

(一)儿童期的心理特点

儿童入学后，开始系统地接受正规教育，这种生活环境的变化及主导活动的变化促使儿童心理产生了质的飞跃。

1.儿童感觉、知觉和观察的发展

在感觉方面，儿童的视觉感受性随着年龄的增长不断提高，颜色视觉在美术等课程的影响下也逐渐发展起来；儿童入学后，通过语文、音乐等教学的培养，儿童听觉感受性进一步增强，呈增长趋势,并基本接近成人水平;运动觉,主要是手的运动觉因儿童手的骨骼肌肉有了一定的发育,因而有了一定程度的发展,动作的精确性、灵活性日益增加,但手的运动觉还未发展完善,尚难完成十分精细的动作。在知觉方面,就空间知觉来说,儿童常把对物体形状的知觉与具体事物联系起来。刚入学的儿童已能分辨前后、上下,但左右分辨能力较差;9～11 岁儿童逐渐能比较准确地知觉方位。就时间知觉来说,时间观念的形成与他们的生活、学习有关。在发觉及感官方面,处在小学儿童时期表现较差,主要表现在目的性、持续性、细致性、概括性方面,而这些能力是平时教师教学活动中提出相关的要求,经过一段时期的强化之后,儿童的发觉及感官能力以及总结能力才逐步发展起来,逐渐向主动自觉的、持续稳定的、比较精确的方向发展。

2. 记忆的发展

儿童入学后,学习开始成为他们的主导活动,在学习过程中教师经常向儿童提出各种学习任务,从而使儿童的记忆在新的实践中发展起来,并产生了质的变化。9～10 岁有意记忆、对意义的理解逐渐占据主导地位,意义识记能力不断增强,机械识记相对减少;虽然抽象记忆在迅速发展,但水平较低,因而记忆时常常要依赖具体事物、具体形象,所以在小学儿童阶段,直观教学十分必要。

3. 思维和想象的发展

入学后,儿童的第二信号系统日益发展起来,并初步占据主要地位,思维从具体形象思维逐步向抽象概念思维过渡,思维的品质逐渐有所提高,但其发展依然是初步的和低层次的。儿童的想象力随着学校教学的影响和生活经验的不断丰富而不断得到发展,其主要特点为:想象的有意性快速增长,现实性逐步增强,同时在想象中也含有一定创造性的成分。

4.注意力的发展

小学阶段因教师不断提出新要求，注意力逐步由低级向高级发展。主动地有意识关注某件事物逐渐占据主导地位，对抽象性的事物的注意也逐步发展；但这一时期的注意力常常因周围事物而改变，也伴有情绪色彩；注意力的品质不断改善，如注意的稳定性、注意的范围、分配和转移等都较以往有很大进步。

5.情感的发展

入学后儿童的交际范围逐步扩大，社会需求增加，儿童的情感内容不断丰富，在集体活动中发展了与他人、集体的关系和情感，如友谊感、责任感、义务感等；情感的内涵逐渐深刻，稳定性不断增强，对情绪的调控能力也日益提高。同时，儿童的高级情感也开始形成和发展起来，如道德感、理智感和美感等。但从总体上看，儿童的情绪表情化，而且不稳定，情绪自控能力差。

6.意志的发展

小学阶段行动的动机和目的水平不断提高，意志行动的计划性有了初步发展，克服困难执行意志决定的能力增强；意志的自觉性、果断性、自制力和坚持性等品质比学前有了很大的发展和改善，但整个小学阶段的儿童还缺乏按照自己的原则来调整自己行为的能力。

(二)少年期的心理特点

1.观察力和记忆力的特点

少年时期观察的目的性、持久性、精确性和概括性都是随着学校教学的要求以及学习积极性的提高而逐步发展起来的。少年时期，学生们开始主动地观察事物，有了自己的思维和分辨能力，并学会在思维和观察的基础上进行概括和总结。思维的参与使知觉的概括性明显地得到发展，观察逐渐变得深刻而全面，对细节观察的感受性逐步提高。少年时期是一生中记忆力最佳的时期，有意记忆在各种学习活动中逐渐占据主导地位，意义记忆是主要的记忆形式,抽象记忆获得了更大发展,对有情绪体验的事物的记忆水平提高,在学习、生活和社会活动中逐步形成自己的记忆特点和方法。

2.思维力和想象力的特点

少年阶段的学生的思维能力有了较大发展,具备了一定的独立性、批判性,能够很好地掌握他们所理解的一些抽象概念,在对具体形象事物理解的基础上,开始对一些基本的概念能够掌握和理解,但对那些高度抽象而缺乏经验支持的概念尚不能正确理解;对事物的认识过程逐渐从具体、虚拟的事物向事物的本质过渡,而这种本质的认识是对事物有意识的概括和总结,对待事物的认识也存有一定的想象,想象中掺杂着的创造成分不断增加,想象的现实性不断发展。

3.情感发展的特点

一是情感的两极性明显,情绪体验强而有力,难以自控。比起小学儿童,少年学生的情感情绪内容更加丰富,体验也更加深刻。因此,少年时期学生对待事物充满了激情,富有朝气,感情也易随外界事物的变化而变化,血气方刚,注重情感;情绪反应强度大,易变化,紧张与轻松、爱与憎、激动与平静、狂喜与暴怒、异常高兴与极端悲观苦恼等情绪两极化明显,易从一个极端走向另一个极端。二是情感的内容不断丰富、深刻,主要是集体感、友谊感的发展和与人的社会性需要相联系的情感,如道德感、理智感和美感等有了很大发展。

4.意志力发展的特点

少年学生意志的自觉性有较大的发展,他们处处表现出独立、勇敢而不依赖于家长、教师的个性。但他们意志行动的自觉性还不稳定,有时行动表现出盲目性;意志的果断性水平不高,轻率与冒失比优柔寡断突出;少年时期学生容易受到外界事物的影响,容易冲动,平复心情及自制力较差;坚韧性或坚持性品质表现出较大的个体差异。概括地说，少年时期对于学习、生活虽有坚持不懈的意愿，但是这个时期意志力比较薄弱，会随着困难和挫折产生变化，容易受挫后灰心丧气，不听别人劝解、固执和倔强也是这个时期的特点。

5. 自我意识出现了质的飞跃

自我意识指一个人对自己的认识和态度，它是人个性倾向的核心，对个性发展起着动力作用。进入少年阶段后，人的自我意识进入了蓬勃发展时期，包括成人感的产生、独立性的增强、性意识的觉醒和发展、评价和自我评价能力的发展等。

四、儿童少年的社会特征

儿童少年的社会特征主要是指儿童少年在与社会生活环境相互作用，掌握社会规范，形成社会技能，学习社会角色，获得社会性需要、态度、价值，发展社会行为，并以独特的个性与人相互交往，相互影响，适应周围社会环境（主要是家庭、学校和社区），由自然人发展为社会人的社会化过程中所形成的群体特征。目前世界各国教育（包括家庭教育、学校教育和社会教育）改革都十分重视儿童少年的个性、品德和社会性发展，儿童少年的社会性发展已引起人们的普遍关注。

社会情感态度、社会行为技能、自我意识、道德品质、社会学习（社会认知）与社会角色和社会适应等方面是儿童少年社会化发展的主要内容。不同年龄阶段的儿童少年其社会性发展具有不同的特征，反映了儿童少年的社会化水平程度。

（一）儿童阶段的社会特征

1. 意识的发展

儿童入学后，正规的学习活动和集体生活对儿童提出了一系列新的要求，促使着儿童认识自己、检查自己、评定自己，因而自我意识出现了加速发展的现象。儿童自我意识的发展主要体现在自我评价和自我调节两大方面：

(1)儿童独立自我评价能力日益增长

自我评价的批评性有一定程度发展，按原则自我评价的能力逐渐形成，如认为好学生应该“守纪律、诚实、有礼貌、勇敢”等。不过，儿童自我评价能力尤其是独立自我评价能力虽有所增长，但水平还比较低。

(2)儿童自我调节能力逐步增强

低年级儿童的自我调节是被动的自我调节，高年级的儿童才能比较自觉地根据掌握的行为规范调节和控制自己的行为，调控能力越来越强，达到了主动调节的较高级水平。

2.道德品质的发展

儿童对道德理解的水平较低，较肤浅、表面、具体，儿童道德概念的认识水平和接受水平直接影响着他们的道德判断、道德情感和道德行为，由于道德概念不清，常常导致一些错误的行为。

3.社会认知和人际关系的发展

总的来看，低年级儿童在生活上尚不能自理，吃住行还要依靠父母的陪伴和指导。随着年龄增长，自理能力提高，对家庭成员的依赖逐渐减弱。儿童阶段人际关系简单，除了家庭成员外，与其他人的人际关系不稳定。随着年龄的增长，他们逐渐开始喜欢群体生活，大部分儿童生活在所谓的“同伴团体”之中。随着在学校中少先队、年级、班组、学习小组概念的建立，共同目标、团结协作和争得荣誉是每个人努力的方向，集体意识迅速发展。游戏是儿童的主要活动之一，通过游戏，儿童可与同伴沟通，形成非正式小群体。儿童社会关系的发展主要有：

(1)集体意识的发展

小学阶段正是集体意识形成和发展的关键时期。儿童在班级、少先队以及各种小组活动中，基本上明确了个人与集体的关系，并能自觉遵守集体规则，从相互认识、相互交往发展到相互帮助、相互关心。

(2)同伴关系的发展

小学儿童喜欢群体生活，常常几个人便可以形成一个小群体，并且希望在群体中得到同伴的赞同和认可。

(3)与成人关系的发展

一是与教师的关系。低年级儿童对教师特别尊敬和信任，有时胜过对自己的父母；而中、高年级的儿童对教师的态度逐渐发生了变化，他们不再绝对地信任和尊敬教师，而逐渐开始有所选择。二是与父母的关系。随着年龄的增长，教师与同伴的影响越来越大，因而父母对儿童的影响力有所下降，儿童对父母的依赖性逐渐减弱，特别是到了高年级，儿童不再事事听从父母而开始有自己的主见，力图摆脱对父母的依赖。这些初步表现了少年期的一些特点。三是与异性关系的发展。儿童对男、女性别行为已有了明确的认识，因而男、女儿童分别喜欢从事那些符合各自性别角色的活动，年级越高，同性一起活动的现象越明显。

(二)少年期阶段的社会特征

少年时期，学生在接受知识的过程中不断与教师、同学相互影响、相互作用。在人与人的相处过程中，他们产生了分工、合作、互助、竞争等意识，也学会了遵守纪律与规则的个性品质。少年阶段是自我意识快速发展的时期，他们的道德品质和价值观日渐成熟，成人感、性意识和自我评价能力都有了较大发展；少年时期，学生也会基于自身的发展产生自己的看法，如需求、目标、情感等方面，这些都对他们以后的发展有着更长远的深意。

五、儿童少年体育概述

(一)儿童少年体育活动的作用

儿童少年体育也是社会体育的一部分。少年儿童可以通过体育活动来达到健康、娱乐、休闲的目的，减少学习压力，促进身体和心理正常发育，其目的在于培养少年儿童健康的生活方式，进而提高他们的综合素养。

体育对儿童少年的成长及社会化有着积极的作用。

1.体育运动能够促进人体的生长发育

体育运动和身体锻炼能促使儿童少年身体各器官、各系统正常生长和发育，从形态和机能上完善人体，是促进人体形态发育的重要手段。

“生长”和“发育”是两个既有联系又有区别的概念。“生长”主要指人体各方面的量的变化，如身高、体重、胸围等方面的数量的变化。对此，不同的年龄有不同的评价标准，人们可把个体实际生长情况与相应年龄阶段的标准值相比，根据比较结果判断生长状态。“发育”主要是指人体的结构变化和功能状态的变化。人体的生长发育涉及机能与形态两方面。儿童少年正处于生长发育的重要时期，各子器官在结构和功能上都具有很大的可塑性和发展潜力。因此，抓住这一时机，充分利用各种积极因素，就能更好地促进其生长发育。影响儿童少年生长发育的主要因素有遗传、营养、疾病、社会因素和体育活动等。当前，我国社会经济发展良好，居民生活水平提高，营养条件改善，在传染性疾病被充分控制的条件下，体育活动就起到更为积极重要的作用。这种作用体现为：

(1)促进骨骼生长

19世纪法国科学家拉马克在他的《动物哲学》一书中提出了“用进废退”学说。可以这样理解：若某种动物自幼开始就经常使用某种器官，那么这个器官就会变得十分发达，功能的强弱也因器官使用的长短而有所区别。体育运动主要依靠骨骼、关节和肌肉的辅助完成各种动作。经常从事体育运动锻炼了骨骼、关节和肌肉，使它们在结构、形态和机能上都发生变化。这是因为体育锻炼能改善血液循环，增加骨细胞的营养供应。调查和研究已经证明，骺软骨细胞的分裂和增殖需要适当的外部机械刺激，运动时产生的挤压和振动都是良好的机械刺激。所以儿童少年可以通过体育锻炼刺激骨的生长发育，少年儿童通过体育锻炼还能增加骨的长度、密度，使骨小梁的排列更加整齐。因此，经常性的体育锻炼可以增加骨的承受力。

(2)增强人体肌肉

儿童少年的肌肉都不太发达，只占体重的25%～33%。儿童少年时期如果能经常从事适当的体育锻炼，就能使肌肉体积变大，肌肉更加粗壮、发达，而且从事锻炼的时间越长，变化越明显，这种现象在运动生理学上称为“功能性肥大”。

(3)提高内脏器官的功能

运动时人体需要大量的氧气和营养物质，同时又要及时排出大量的二氧化碳，这就要求心血管系统和呼吸系统加倍地工作才能完成任务。经常从事体育锻炼可促使这两个系统得到更好的发展，特别在儿童少年时期，这种作用就更加明显。研究证明，经常从事体育锻炼的儿童少年，不论安静或运动时，心血管系统的机能都比一般儿童少年好。体育锻炼对呼吸系统的作用表现在呼吸肌发达、胸围和肺活量增加等方面。

(4)提高神经系统的兴奋性，使肌体能够快速、准确地感受内外环境的变化

人们通过视觉、听觉和本体感觉等接收的外来信息，与非条件反射相结合可以形成简单的条件反射，在非条件反射和简单条件反射的基础上又可形成复杂的条件反射。从生理学角度看，运动技能就是在非条件反射和简单条件反射基础上形成的复杂条件反射。高级神经活动学说认为，任何条件反射形成的本质都是大脑皮层中相应中枢暂时神经联系的建立和拓通。因此，学习和掌握运动技能的过程也就是大脑皮层相应中枢之间

建立暂时神经联系的过程。大脑皮层中相应中枢之间暂时神经联系的建立,需要大脑皮层处于良好的兴奋状态。如果皮层兴奋性较高,暂时神经联系容易拓通,运动技能也就容易形成。儿童少年,尤其 11～13 岁的儿童少年的神经系统的兴奋过程占优势,掌握运动技能较快。运动技能掌握得越多,大脑皮层中建立的暂时神经联系越广泛,神经系统对机体的调节机能越强。

2. 体育运动能够全面发展儿童少年的身体素质

身体素质一般是指人体在大脑皮层支配下,肌肉的基本活动能力,可以分为速度、耐力、灵敏性、柔韧性等综合素质及坐、立、行、走、跑、跳、投等基本的活动能力。身体素质的高低决定着一个人体质健康水平,身体素质水平较高者,容易快速掌握运动技能,提高运动成绩和学习效率,同时身体素质的提高既可以强化身体抵御疾病的能力,又能快速适应外界环境的变化,也有利于身体健康。所以,国际上都十分重视少年儿童的身体素质。

3. 体育运动可以培养儿童少年良好的个性和社会品格

个性和社会性品格是在活动中形成和发展起来的。在体育活动中,少年是活动的主体,他们可以在一个较为广阔的活动范围里尽情游戏、奔跑、竞赛,他们的个性既可充分地展示,又可在各种体育活动中得到充分的发展。同时在体育活动中,儿童少年有较广泛的社会交往和人际关系,可以培养和发展他们在集体活动中的竞争与合作、沟通与交流等素质和能力,学会建立良好的同学关系和人际关系。在体育活动中还能获得成就感,增强自信心,形成自己独立的人格特征,加速儿童少年的社会化。此外,体育运动还可以培养少年的审美意识和表现美、创造美的能力。

4. 体育运动可以提高儿童少年的自我保健意识

体育运动能提高儿童少年自我保健和自觉锻炼的意识和能力,养成良好的生活习惯,有利于建立科学、文明、健康的生活方式。

体育活动能够把儿童少年从书山题海或具体的事务中解脱出来，使身心获得积极的休息和放松，通过休闲体育活动建立良好的生活方式。校内课外体育活动、使儿童少年从不同年级、不同年龄阶段的同学那里学会更多的体育活动内容和活动方式，校外课外体育活动使儿童少年与成人一起开展体育活动，广泛地体验生活。

（二）儿童少年体育活动的任务、内容和方法

各年龄阶段的儿童少年在生理、心理特点和社会性特征上存在着差异。因此，必须了解、掌握儿童少年各年龄阶段体育运动的特点，选择合适的内容、方法，培养儿童少年的体育意识和能力，养成体育锻炼的习惯，为终身体育奠定基础。

1. 儿童少年体育活动的任务

(1)儿童体育活动的主要任务

要将体育锻炼和身体保护相结合，促进身体的正常发育和正确的身体姿势的养成，发展基本活动能力，重视体态教育；使儿童初步掌握周围生活中的体育知识、卫生保健常识和运动的基础动作；使儿童感受运动的乐趣，培养儿童对体育运动的兴趣爱好和朝气蓬勃、团结友爱、遵守纪律、奋发向上的品质，为运动能力的提高和良好道德品质的养成打下基础。

(2)少年体育活动的主要任务

注重少年身体素质发展的敏感期，为全面发展身体素质打下良好的体能基础。良好的基础有助于少年了解体育锻炼的真正价值以及一些卫生保健和体育活动的基本知识。熟悉各种项目的运动技能，培养他们自觉锻炼身体的主动性和积极性；培养正确的体育观念，发展运动特长。

2. 儿童少年体育活动的内容和方法

(1)儿童体育活动的内容和方法

儿童时期的骨骼、肌肉处于发育阶段，内脏器官功能不够完

善，大脑皮层的兴奋性和抑制力不完善，常常会处于兴奋状态，因此，处在这个年龄阶段的孩子活泼爱动，注意力容易分散，喜欢丰富多彩的运动形式。活动的基本内容为游戏、韵律活动、小球类、武术类、柔韧与灵敏性相结合的体育活动。教学方法和活动形式宜灵活、多样。教学方法主要采用直观教学和变换手段相结合为主，辅以适当的语言；活动形式以集体和小组相结合，活动方法以游戏、竞赛为主。

(2)少年体育活动的内容和方法

少年时期骨骼、肌肉等人体器官组织进入快速增长期，内脏器官的功能逐步完善，大脑皮层的抑制调节能力不断加强。在这个时期，儿童的抽象思维能力得到改善。伴随着青春期的到来，少年男女在生理、心理方面呈现出明显的性别差异。体育活动的基本内容分为武术、田径、舞蹈、体操等各种身体综合素质的练习。活动方法以比赛法、各种身体练习方法为主，包括自我锻炼方法，个人、小组或集体均可进行。

(三)儿童少年体育活动的组织与开展

体育活动可以加强人与人、人与社会之间的联系，拓宽人们交流、交往的渠道，促使人们建立和睦友好的关系，促进人的和谐和全面发展。体育活动增强群体凝聚力，培养人们的团队意识与合作精神。儿童少年时期个性化发展和社会化过程都是在人与人之间相互影响、相互作用下实现的，儿童少年时期如果人际交往比较匮乏，就会对性格产生影响，例如孤僻、寂寞等特点，长大后也会影响人际交往，甚至不懂得如何与人相处。

儿童少年的体育生活是受到家庭体育、学校体育和社会大众体育三者相互作用和影响的。在现代社会，儿童少年的体育活动已成为社会教育的重要内容之一。通过组织开展各种各样的体育和娱乐活动，提高儿童少年的健康水平、科学文化素质、道德品质，建立文明的生活方式，这是我国社会主义精神文明建设的重要组成部分。

儿童少年体育的组织和开展：

(1)按实施机构分类，主要有社会团体教育文化机构、家庭、学校、社区、政府职能部门等。

(2)按体育锻炼的方式分类，主要包括自我锻炼、家庭体育和社区体育。

(3)按体育活动区域分类，主要有家庭、学校、农村、社区等。

(4)按学校体育活动形式分类，主要有早操、课间操、体育课、课外体育活动。班级群体活动。

(四)儿童少年体育的指导方法

1.体育教师的教授

在学校，儿童少年体育活动的主要指导者是体育教师。教师应根据儿童少年身心发展特点选择适合的体育活动内容、方法，通过传授体育运动和健身的知识、原理、方法，培养和激发他们的体育兴趣、爱好和习惯。教师可与学生共同制定科学合理可行的体育运动和身体锻炼计划，发展他们的身体素质和运动能力，在体育活动中培养个性品质，进行思想品德教育。

2.家庭成员的引导

家长是儿童少年体育最有影响的人物，应尽力给孩子提供必要的体育活动条件，并进行指导。年龄小的儿童可由家长带领做操、跑步、学武术，年龄大的少年则可在家长的督促下进行体育活动，节假日可一起远足或郊游等。

3.学校体育俱乐部

学校体育俱乐部是学生课外体育活动的重要平台。学校的最大优势是有体育教师进行组织，器材设施完善。采取有效手段可以把学生从教室吸引出来，按不同的爱好群体分组，成立体育俱乐部，以弥补体育课教学的不足。学校可以通过多种途径得到家长和社会的理解、支持和帮助，同时把体育俱乐部的工作，在作为体育教师的课外工作，在得到行政管理部门的肯定的同时，使体育俱乐部的工作制度化、规范化。学校体育俱乐部可以通过组织运动竞赛、体育游戏、“体育节”、“体育日”等活动，达到促使儿童少年体育锻炼的目的。

4. 社会体育俱乐部

社会体育活动是指儿童少年在校外参加的由教育、体育团体等有关机构所举办的体育活动。主要包括业余体校，文化宫，少年宫，体育场馆或职业、半职业俱乐部，有关政府部门和群众团体等组织举办的各种体育和娱乐活动，如业余训练、比赛、体育表演、夏令营、远足等。

5. 社区体育指导员

社区体育已经成为儿童少年假日体育活动的主要形式，社区体育指导员不但承担成人体育活动指导，也是儿童少年体育活动指导的主要力量。

6. 同伴群体的互动

儿童少年多喜欢群体生活，重视与同伴进行的各种活动。大部分儿童少年都有自己较为固定的群体，他们共同游戏、共同交流，并以体育活动为主要内容，在体育活动过程中通过互相交流、传授共同提高。

7. 大众媒体的介绍和传授

电视、媒体、网络、影视、报纸等通过各种传播方式向少年儿童灌输体育活动及锻炼的项目、技术、内容等，向他们传授各项运动的方式方法，指导他们从事健康的体育锻炼活动。

第二节　青年群体休闲体育的发展

青年作为一个时代的概念，本是区别于阶层、阶级等社会属性而以人的自然年龄结构构成的一种特殊的社会群体。作为年轻的一代人，他们在情感、思想、行为方式以及价值观方面不同于其他年龄阶段，而这些思想和行为方式一直以来都是社会共同关注的一个重大课题。人类社会的发展和进步，使人们从不同的角度探讨青年人的教育和培养以及青年人个性的发展，并希望通过不同形式的社会实践活动来加强青年一代的个性化发展，使他们成为社会进步或社会变革过程中的中坚力量。作为社会文化现象之一的体育运动在青年人社会化发展过程中的意义是什么？体育在其内容和特征上与青年人的个性特征有哪些契合点呢？体育如何影响青年人的个性化发展呢？长期以来，我们在探讨体育运动的规律和作用时，常常是以片面的观点去肯定体育影响青少年的身心发展，特别是在体质健康和基本活动技能方面的作用，而忽略了青年一代个性化发展与体育的相互关系。因此，从社会学和心理学的角度探讨体育与青年一代个性发展的相互关系，深入挖掘体育对于青年一代的意识培养，通过体育锻炼引导青年一代要有健康积极的生活态度和行为方式，对推动青年一代快速融入社会化的大家庭中并贡献自己的力量具有重要的理论和实践意义。1.体育是青年一代早期充当社会角色的一种有效途径

青年人社会的组成单位，也是社会发展过程中的关键部分，因此，要抓住青年时期这个阶段，充分实现该阶段的发展目标，完善他人与自己以及自己对自己知觉的认识，以便于确定个人与周围的关系，从而有利于形成自我意识。

2.体育是青年一代了解社会发展程度以及人们活动准则的有效途径

青年个体的社会化发展之所以被社会所接受，是因为个体的发展与社会化发展及其道德认识的趋向密切相关，然而个体道德认识来自社会传统行为以及社会化教育程度。体育是人们在生产生活过程中积累的宝贵财富和社会实践活动，这种体育

活动与当地风俗习惯、文化内涵紧密相连。体育活动可以锻炼青年一代的意志品质,增强青年的体质,积极参与体育活动有助于青年一代快速适应社会化进程。

3.体育活动可以帮助青年舒缓身心,保持健康的心态和生活目标

青年社会化发展与他们生活目标的确定和选择有很大关系。因此,要不停地向青年灌输社会发展的目标和方向,使他们确定正确的学习观,并积极参与各种健康的体育活动,激发青年一代为社会化发展贡献自己的力量。这样既有助于青年一代树立正确的价值观,适应社会化发展的方向,又能使他们确立正确的生活目标。

4.体育活动是集体项目,可以鼓励青年积极参与社会集体活动,促进青年一代相互交往和了解,增强社会的适应能力

在许多体育活动的区域,我们经常看到以家庭、同伴、同事、学校班级为单位自由组合的团体参与各种体育活动,而参与活动的社会成员由体育活动这个媒介联系在一起,形成了一种特殊的社会群体,也就是通常所说的游戏群体。这种游戏群体通常具有初级社会群体的特征,人们在参与各种群体活动中比较随意,并形成了一种积极健康的活动气氛,所以说群体游戏是由青年人参与的,不同人群自由组合的,以舒缓身心、陶冶情操、增强生活技能、适应社会发展为目的的健身体育活动。

5.体育运动有利于培养青年一代的创造性心理特征

体育锻炼是青年一代社会化的途径之一,有助于培养和鼓励青年的创造性特征。一方面,体育锻炼本身就是一种创造过程。这个过程使人们不断攀登运动高峰,创造成绩,最大程度地发挥和挖掘人们自身的潜力。激发青年人的斗志和勇敢拼搏精神,是体育运动的真正价值所在。另一方面,青年一代是富有创造力和想象力的一代,在追求更加优异成绩的同时,设计和完成

高难技术动作离不开青年一代的参与。青年一代的创造力和想象力与体育的特征是紧密相连的，所以，体育锻炼可以培养青年一代健康的心态，同时体育锻炼又可以对青年一代产生无穷的吸引力。

6.体育锻炼是一种休闲的运动模式，在青年后期起到再社会化的无形设置作用

在青年后期，青年一代在个性化形成过程中由于所处的生活环境的不同而形成多元化发展模式。这个时期也可以说是一种分界点，除了一小部分人继续停留在学校深造，大部分人进入社会参加到各种工作劳动中去，如公务员、企业员工、农村成员等。体育则一直贯穿于青年人发展的全过程。早期体育是青年一代锻炼自己，培养技能的学习过程；后期成了人们工作之余健身娱乐活动的一部分。人们可以通过体育锻炼来增强体质、娱乐身心、促进睡眠、提高生活质量和生产效率、调节自身情感等。体育也是大众生活中的一部分。

7.体育锻炼可以说是一种"互喻文化"，缓解了青年一代与老年一代的矛盾和代沟，促进了青年一代社会化的进程

由于社会的发展变化，每一代人所处的生活环境和生存方式千变万化，所以说每个人都有自己的世界观和价值观，都有自己的生活模式，即便是在相同条件下的两代人，也存在着明显的心理差异。这种差异和世界观、价值观的不同就是我们通常所说的代沟，一旦这种矛盾激化，就会引起两代人在社会化进程中矛盾重重，进而成为妨碍青年一代社会化发展的心理因素。

总而言之，随着社会的进步和发展，体育在促进青少年社会化进程中的作用越来越大。因此，广大的体育爱好者、教育工作者，要宣扬体育的价值，搞好体育的推广工作，实现体育带动经济的发展和促进社会进步的双赢。

第三节　中老年群体休闲体育的发展

一、中老年人的生理、心理、社会特征

（一）中老年人的界定

人的年龄可为三种：生理年龄、心理年龄和日历年龄。由于生理年龄和心理年龄划分标准经常会因人而异，所以，儿童、少年、青年、中年和老年的划分一般是按日历年龄划分的。由于历史时期和寿命水平的不同，对于中年人和老年人的年龄起点存在很大差距，对于中年人和老年人的界定有很大差别。譬如在过去，由于科技、环境、医疗水平不高，人们的寿命普遍较低，年龄到达 45 岁甚至更低的年龄阶段都可以界定为老年阶段。随着人们生活水平的提高、科技的进步、寿命的延长，对于中老年人年龄的界定逐渐有所提高。

1. 中年人的界定

对于中年人年龄的界定通常是在 36～60 岁年龄阶段的社会成员。划分标准通常为 36～45 岁称为“中年前期”，46～55 岁称为“中年中期”，56 岁以上者称为“中年后期”。

中年阶段是人们各方面都趋于成熟和完善的阶段，包括人的生理、心理、社会适应能力等各个方面。这个年龄阶段是社会发展进步的主力军，也是社会人力资源的宝贵财富；这个年龄阶段扮演着推动社会进步与发展的重要角色。因而，他们被称为是社会的中坚力量。但由于这一阶段年龄范围的跨度较大，其社会成员具有鲜明的异质性。他们当中既有学生又有就职者，还有退职者，所从事的职业、拥有的社会地位和文化水平等都显示出较大的差异。

2.老年人的界定

老年人通常是指60岁以上的社会成员。其界定区间为年龄在60～69岁称为“低龄老年人”;70～79岁之间为“中龄老年人”;80岁以上称为“高龄老人”。

科技的进步使人类生活条件得到改善,人们的寿命也普遍延长,我们通常所说的老年期也随着寿命的延长而成为一个可变的概念。来自雅典的著名人口学家桑德巴的年龄构成“三合法”是这样描述的:老年人的起始年龄通常定位为50岁。发达国家和发展中国家对老年人的年龄界定有所不同,发展中国家一般采用60岁,而发达国家则采用65岁。

所谓的人口老龄化就是指老年人在所有人口中所占的比重,也称为“老年比”,也可以叫作老年系数的增加过程或人口平均年龄(通常用年龄的中位数来表示)不断提高的过程。如果人口中60岁以上的人所占比重在10%,或65岁以上的老年人所占比重超过7%,我们都称之为“老龄化社会”。人口老龄化是社会发展,人口结构比重失衡以及生产力发展所造成的,已经有很多历史资料和国内外实证材料证明。

(二)中老年人的生理特征

人体40岁左右开始出现衰老,并随着年龄的增加,各组织器官功能的衰减逐渐加快。人体自身机能的衰减,加上外部环境作用的积累,往往是疾病高发的因素,进而加快衰老,缩短生命。研究表明,人的正常生命时间是120～150年,而现今人的实际生命时间平均是70年左右。缩短生命时间的因素有疾病、环境污染、不良生活习惯及缺少运动等。运动锻炼具有提高健康水平、帮助身体抵抗各种有害因素、阻挡衰老过程、减少疾病的发生等多重作用。

中老年人的健身意识较强,但在健身运动过程中绝大多数人凭经验选择运动内容,或模仿别人进行锻炼,拼体力、急于求成、盲目运动的现象较为普遍。结果往往是运动方法不正确，运动方式与年龄不相符，不但没有起到好的健身效果，还对身体产生损害。

老年人的身体有其特殊性，在运动锻炼过程中，应加倍注重健身运动的科学性，一切运动锻炼的内容都要依据身体状况来设计，循序渐进。应多学习科学运动健身知识，来指导运动锻炼，有的放矢，实现健康长寿的目标。

1. 容易出现骨质疏松

代谢能力下降、骨质中无机盐的丢失等容易导致骨质疏松。调查研究发现，60 岁以上的男性患有骨质疏松症者约为 10%，女性达 40%；65 岁以上男性患有骨质疏松症者所占比重约 21%，女性约 66%；80 岁以上几乎都有骨质疏松现象，骨质疏松程度女性大于男性。骨骼的弹性和韧性减弱，脆性增加，受到外力冲击很容易引起骨折。关节活动幅度变小，关节面软骨厚度减少，弹性减弱，对关节润滑和营养起重要作用的关节液减少 10%～20%。关节面软骨负重受压时易出现机械磨损，关节周围组织，如滑膜、韧带弹性减弱，拉长幅度变小，如果关节活动幅度过大，极容易发生软组织损伤。

肌肉形态结构变小，肌纤维体积缩小，收缩力及收缩速度下降，弹性变小，爆发力及耐力明显下降，肌肉组织中血液循环能力下降，肌肉组织中能量储备减少，运动时容易出现疲劳，并且恢复缓慢。

2. 身高体重

随着年龄的增加，身高会发生一些变化。正常健康人，20 岁左右身高发育到顶点，30 岁以后身高开始逐渐下降。40～60 岁平均身高下降 2.3～2.7 厘米；60～80 岁下降明显，平均下降 3.0～5.9 厘米。身高下降程度女性大于男性。这是由于椎间盘萎缩、脊柱弯曲、骨质脱钙疏松等原因所导致。体重也随年龄增加而逐渐下降。这是由于组织器官脱水萎缩所导致，说明细胞代谢能力衰减及活力下降。老年人肌肉出现萎缩而皮下脂肪增加，说明运动不够，肌肉出现运动性萎缩，食物能量过剩以脂肪的形式储备下来。

3.心血管系统

心脏外形变化不大或稍有缩小，心肌颜色变深，心脏本身的血液循环能力减弱。心包外脂肪增厚，供应心肌营养的冠状动脉发生硬化，心脏机能下降。60～70岁的老人心输出量与20～30岁的人相比，减少30%～40%，一般平均每年下降1%。安静心率减慢，血压升高，主要是收缩压升高，脉压增大，到80岁时收缩压趋于平稳。心脏储备能量下降，应激能力差，一旦出现疾病和过大的生理刺激，容易出现心功能不全，即“心衰”。

4.呼吸系统

随着年龄的增加，呼吸道的黏膜及壁的结构开始萎缩，机能下降，呼吸道黏膜纤毛上皮脱落，纤毛运动减弱。肺泡壁变薄，弹性降低，毛细血管数目减少，肺腺细胞分泌活动减弱，表面活性物质分泌减少，痰液减少并且黏稠。胸廓发生变形，变形情况与体位习惯有很大关系，长期座位习惯的人易变为扁平胸。胸廓肋间肌萎缩，收缩力下降，胸廓容积变小，活动幅度变小，肺活量减少，残气量增加，肺通气量减少，呼吸道抗病能力和应激能力下降。产生呼吸系统患病和过大的生理刺激时，容易出现呼吸功能衰竭。

造成老年人肺功能衰退的因素主要有大气污染（粉灰、烟尘、一氧化碳、二氧化碳），细菌病毒侵入，冷热空气刺激，缺乏运动等。

5.神经系统

老年人的大脑组织会逐渐出现萎缩，血液循环能力下降，供血减少，发生动脉硬化，脑组织弹性下降。神经系统的兴奋、抑制、传导和反应等功能都出现减弱，自主神经系统活动能力下降，导致身体的应激能力下降，即身体对刺激的保护性反应时间延长，反应程度减轻。神经对身体支配能力下降，表现为身体的感知减弱，动作迟缓、无力、不准确、不灵活、不协调。

6. 生理代谢

人体的生命活动是由新陈代谢来维持的，随着年龄的增加，身体的新陈代谢也随之发生变化。蛋白质代谢是生命活动的基础，儿童时期蛋白质合成代谢大于分解代谢，蛋白质大量合成，于是身体组织器官发育成长体积增大。成年人蛋白质合成代谢和分解代谢基本相等，处于动态平衡状态，发育成长停止。中老年人蛋白质分解代谢大于合成代谢，蛋白质消耗增多，体重减轻，体力下降，新陈代谢逐渐减弱，则导致各组织器官功能随之下降，如胆固醇、甘油三酯代谢减弱，导致血液中这些物质的含量增高，进而沉积血管壁造成动脉粥样硬化，最终形成血栓。

人的身体在老年期有轻度糖代谢障碍，并出现血糖轻度升高。其原因是老年人的胃肠功能衰弱引起食物消化吸收的延迟，全身利用糖的组织数量减少（主要是肌肉组织）和处理糖的肝组织及胃组织功能下降。胰腺中胰岛β细胞数量减少，代谢能力下降，胰岛素分泌不足，也是重要原因之一。

老年人身体成分也发生明显变化，最明显的就是脂肪组织所占比重有所增加，而新陈代谢功能下降，体内水分及蛋白质也明显减少，基础代谢率与成年人相比下降10%～25%。这与老年人参与体育活动减少有关。内分泌活动有所下降，人体所需要的热量也明显减少。据统计，我国老年人每天所需要的总热量在1500～2000千卡，每千克体重所需要热量为32～36千卡。

总之，老年人由于代谢水平的降低，导致组织细胞受损，进而降低机体的组织器官功能和防御能力，引起身体衰老，易患疾病。

老年人组织器官的生理结构和功能衰退的主要因素是缺少运动锻炼、疾病、环境污染、不良生活习惯、心理紊乱等。要延缓衰老，运动锻炼是第一要素，并能影响其他因素的变化。

7. 中年人的一般生理特征

中年期是年龄跨度较大的阶段，要完整精确地概括出中年人身体的生理特征是一件困难的事情。但从机体的形态、结构和生理功能发生的变化来看，可概括出如下一些特征：

（1）身体机能、身体素质水平随年龄增加而逐渐下降

印度学者卡南高认为，生物体从胚胎期直至死亡，其活动能力（生长和其他功能）的模式变化与以 45°角向上投掷出的标枪轨迹相类似。人类胚胎生长和其他机能增加得很快，并持续至出生后 16 岁左右，之后速度减慢。在 20 岁开始达到平稳期，直到 30～35 岁，在机能上察觉不到有什么变化。35 岁之后，身体某些器官的功能便开始衰退，并且衰退的速度随着年龄的增长而加快。也就是说，在青壮年期，身体形态、机能、素质等方面的发展均已达到了一生中的最好水平，但进入中年期后，逐渐开始出现一系列衰退性变化。

首先，身体形态上出现变化。如体重等方面的指标开始出现增长的趋势，一般常见为：人到中年后，逐渐开始出现身体发胖、体重增加。此外，由于身体内部机能的变化，开始出现白发或皮肤因缺乏弹性而显得松弛，或脸部出现皱纹等。

其次，身体机能、身体素质上出现变化，如骨的变化。据测算，35～45 岁的人骨开始损耗，且与年龄呈线性关系。到中年后期，人体单位体积内骨质量减少，骨质密度降低，容易发生骨质疏松。以力量素质为例，进入中年后，力量素质逐渐呈现出下降的趋势。其他一些身体能力也明显存在退行性变化现象。

由于身体机能和素质的逐渐下降，导致中年人对内外环境的适应能力随年龄的增长而逐渐减弱。

(2)各种疾病的患病率随年龄增长而逐渐提高

患病率是指特定的人群中，疾病、损伤、事故发生的总人数与人口数的比值。通常用比值乘以1000得出比率，它表示在每千人中，有多少个病例。

由于生理性自然衰退变化的因素影响，人进入中年期以后，一方面身体抵抗力下降，开始易患各种疾病；另一方面，中年人在社会和家庭生活中承担重要责任的同时，也面临着各种各样的问题。如职业生涯中自我理想、个人价值的实现与确立，家庭中所承受的赡养老人及教育后代的任务，以及人与人、人与社会的交际过程中各种复杂关系的应对等问题，由此产生的一系列责任和负担对心理造成的影响成为中年人的一种精神压力。随着更年期的到来，身体内分泌系统的变化导致出现一系列生理性不适应症状，各种疾病更容易发生。因而进入中年后，各种疾病的患病率随年龄的增长而逐渐增加。

8.老年人的一般生理特征

进入老年时期，随着年龄的增长，各种机能退化，在形态、结构和生理功能方面也逐渐进入衰老期。衰老期不仅具有个体差异性，身体部位不同步、不易察觉的渐进性特点还具有普遍性、内因性、进行性、有害性、单向性特征。

(1)普遍性

衰老是生物生长的一个必然过程，就是说同种生物体在生长过程中随着时间的推移，器官、功能逐步老化的过程，是个体普遍存在的现象。

(2)内因性

衰老是发生于生物体内部的一个过程，是一种自然的过程，而不是因外部因素如受到辐射所引发的过程。

(3)进行性

衰老的出现是随着时间的推移，机体内发生一系列的变化过程，是一个过程集合体，不是突然发生的。

(4)有害性

衰老导致对生物有害的结果，会使人体在机能、动作等方面衰退。

(5)单向性

衰老过程是单向性的，衰老的结果是朝着退化的方向发展，而不可能为正常的身体检查所逆转。

随着时间的推移，人体逐步出现衰老的现象，机体内的各项功能都与年轻时相比逐步退化，因而出现身体整体功能下滑(包括心理功能和生理功能)，老年人机体变化特征如下：

①生理机能水平下降，易患疾病

人类进入老年期后，身体内的功能发生了巨大的变化。譬如，大脑萎缩、记忆力逐步下降、新陈代谢速度减慢、心肌功能减退、血管弹性下降、肌肉萎缩、骨质疏松严重、骨骼逐步钙化、神经系统功能衰退、人体免疫力退化等现象非常严重，导致疾病频频发生。有关调查研究发现，老年人中患病比例最大的为高血压，约占老年人比例的 28.7%，糖尿病的几率较小，约占 4.0%；而其他症状，如关节炎约占5.9%，心脏病约占 6.4%，患呼吸系统疾病的约占 12.5%。老年人口的患病率、残障率、老年人口平均预期带病期(年)与日俱增。所谓平均预期带病期，系指某一年龄存活的老年人口在其余年期间身体患有各种慢性病的时间。

②身体基本活动能力下降，出现运动障碍

进入老年期之后，一般的老年人仍保持着一定的工作能力，尚有良好的基本活动能力，也有一部分老年人，不仅有较强的身体活动能力，还能较长时间地保持一个时期。年龄的增长会引起身体机能的一系列连锁反应，如记忆力逐步下降、体力减弱，运动灵敏性及运动能力降低，反应不够灵活，就连基本的走、跑、跳跃能力也逐步减弱。随着大肌肉群收缩能力减退其力量也逐渐衰减,通常情况下65岁左右的老年人的肌肉收缩力相当于20岁的一半,机体的各种活动能力也出现明显减退。因此,这一时期开始出现各种运动障碍。根据调查可知,行走不便的老人60岁左右占6%,70岁左右占21%,并且随着年龄的增长,这个比例会呈上升的趋势。由于骨骼钙化及骨质疏松等现象的出现,老年人容易发生摔倒、骨折等事故并可能造成严重的后果。

(三)中老年人的心理特征

心理现象建立在生理现象的基础之上,同时又是在社会关系的环境中产生的。对中老年人心理特征的有关问题,主要是从个体变化和个体与社会的关系两大领域进行研究的。

1. 中年人的心理特征

随着中年人的生理走向成熟和生活经验、社会阅历的增加,在心理上也表现出相对的稳定性特征:过分的感觉兴奋退居第二位,表现出情绪持续稳定,兴趣指向逐渐固定,性情稳重,意志力持久,情感丰富而深厚;对外部环境和自身的认识也呈现出稳定性和同一性,正所谓“四十而不惑”;对自我行为的控制力和对外部环境的适应力增强,个体行动更趋于理性。中年人的智力发展为所负担的家庭责任和社会责任而进行,常常表现为经验判断和综合性决策。由于中年后期在生理上出现“更年期”现象,由于家庭成员关系的变化导致出现的“空巢征”,事业发展不尽如人意而产生的“失落感”等因素,容易产生“中年危机”的心理适应问题。

2. 老年人的心理特征

由于神经系统,尤其是大脑的退化和感觉器官障碍的出现,首先会引起感觉能力下降,如视力、听力发生自然衰退现象。另外,由于神经纤维的传导速度变慢,传导通路逐渐失灵,导致老年人的记忆力下降,经常出现丢三落四的现象。记忆的衰退会使老年人不能迅速正确地从大脑中提取有关信息来处理眼前的问题,由此使思维的敏捷性下降而导致智力的卜降。然而老年人也有自己的智力优势。老年人在长期的生活实践中,积累了丰富的知识和经验,在观察问题、考虑问题时更为周到、全面,在一定程度上弥补了感知觉能力、记忆力下降带来的消极影响。此外,判断推理的能力、理解力等几乎不会受年龄的影响。在情感方面,由于年龄的增长,身体机能的退化,空余时间的增多,社交范围的缩小,这些都会增加老年人的心理压力,使得他们感到孤独,情绪低落,如空虚、孤独、自卑、忧郁等。这些消极因素都会影响老年人的情绪。德国学者马姆尼克、日本学者金子对老年人的性格特征做了如下描述:

(1)自我中心性

(2)内向性

(3)保守性

(4)好猜疑,嫉妒心强

(5)倔强,遇事不会变通

(6)适应性衰退

(7)怨天尤人,牢骚满腹

(8)爱管闲事

(9)疑心病大

(10)依赖性强

(11)有忧郁倾向

实际生活中,的老人一般只具有其中的一两项,而且轻重程度不一。以上这些从不同的侧面提出了一个老年人的心理适应问题。

(四)中老年人的社会特征

对中老年人的研究,最初侧重于生理学和心理学方面,20

世纪50年代开始扩展到社会学方面。人们越来越清楚地意识到社会因素和文化因素对人的不同年龄时期的重要影响，社会学的研究不仅更加全面地解释了个体发展的差异性，而且赋予人的不同年龄阶段发展过程全方位的研究视角。从社会个体进入不同年龄阶段以后，个人与社会互动关系也表现出阶段性特征，这些特征对人的心理和行为产生了重要的影响作用。

1. 中年人的社会特征

(1)职业角色的固化

根据生理学家研究，生理功能下降会引起个体认知能力和接受能力的缓慢下降，也就是继续社会化能力的减弱。而这种变化又会促成人体“求稳怕变”的心理定式，反映在个体社会关系上就是社会角色的固化。尤其是在职业角色上，中年期的个体一般不会轻易变动既定的职业角色，人才市场一般也不选择年龄更大的人才，多数岗位将45岁作为年龄上限。个体与社会选择的一致性赋予中年人角色稳定固化的特征。这在某种程度体现出中年人个体与社会关系的强化。

(2)社会地位的稳定

职业心理学家认为，一个人的职业周期可以分为四个阶段：①就业前的准备阶段——专业学习与培训、个人的职业选择与确定；②就业工作阶段——职业界定，接受管理，融入组织，有长远的发展目标和规划；③稳定职业阶段——奠定个人的事业，并且专业化；④工作发展的深入阶段——做该领域的领军人物，合理运用自己的聪明才智和知识经验，并准备退休。大多数人经过选择调整和适应后，到30岁左右才能获得机会，奠定自己的目标方向，为自己的事业打基础。40岁左右取得稳定职业的人则通过不断提高技能和积累经验，成为某方面的专家，从而得到社会的认可。他们具有较强的职业自我认同感，并获得满意的职位、职称，能用“自己的声音”发表意见，意识到对他人的权威。

通过职业性名称获得社会地位，实现自我价值，并继续确保社会地位的稳固。许多中年人也开始接受自己没有成为专家或名人、没有成为公司的首脑、没有成为较富裕的人的事实。

(3)家庭角色的多重性

家庭角色包括父母、配偶、儿女、兄弟姐妹等多种角色。人到中年，不仅要承担家庭中的父母角色，为儿女提供经济支持(包括生活费用、医疗费用、教育费用和娱乐费用等)和情感支持(亲情之间的呵护与交流)，而且作为孩子的监护人，要承担儿女基本期社会化的家庭导师任务。承担家庭中的儿女角色时，为年老的父母提供经济支持和情感支持(包括赡养费用和生活上的照顾、精神上的慰藉等)，父亲或母亲的年老多病，常常使中年人筋疲力尽。人生“生老病死”中的三件事主要发生在中年以后。另外，伴随着从婚姻关系的“浪漫之曲”向“伴侣之曲”的推进，如何通过“伴侣”的纽带(孩子、同甘共苦的家)扮演好“户主”的角色，如何处理好事业与家庭的关系等问题也摆在中年人的面前。角色扮演的多重性容易产生角色之间的冲突，无疑给中年人增加了多方面的压力，由此产生的“中年危机”现象也越来越引起人们的广泛关注。

2.老年人的社会特征

随着年龄增长步入老年的群体，主要的特征是很少融入社会团体活动，也就是我们通常所说的转换角色和次一级角色变换，这时期的主要特征就是退休和休闲。

(1)退休与社会角色的中断

退休是个体老龄化的重要标志。退休的本质就是说个体与单位及社会的互动关系产生变化，也就是常说的停止社会上的某一角色。老年人的退休实际上就是职业工作的终止，同时也是社会地位的降低。退休不仅仅是职业工作的中断，也是社会互动过程中所具有的一种职责的丧失。另一方面，也意味着中断某种社会联系。职业工作的生存条件必须依附于社会团体，离开社会团体，职业地位也就失去了依附的载体，也就失去了生存的环境。所以从某种意义上说退休实际上就是与社会团体的分离。这也是让老人产生孤独寂寞感的一个原因。退休所带来的一些消极因素必然给老人们带来负面的影响，这些负面因素一方面影响老年人的精神状况，另一方面也不利于老年人的身体健康。

(2)家庭角色的变换

如果说老年人的退休导致了职业角色的中断，那么，家庭生命周期阶段性变化导致了老年人家庭角色的变化。家庭生命周期是指家庭从形成到消亡的整个过程。对此，格利克等人提出了“六阶段划分法”。家庭生命周期的分布也是在不停变化的。

社会的不断发展，工业化进程的加快，较少的子女数量和较长的人口寿命使家庭生育抚养期缩短，而导致空巢期和消亡期的时间逐步延长，长辈权利、义务和责任逐步淡化。随着子女们各自都有了自己的家庭，配偶则成了生活的主要依托。而配偶在有些方面是子女无法取代的，例如生活照料、精神依托等。因此，丧偶对于老年人身心带来的影响不仅表现在生活方面，而且表现在心理方面，会使老年人产生不安、孤独和寂寞，从而影响老年人的生活质量。

(3)闲暇时间的增多

伴随着老年人的职业角色中断和家庭角色的变化，闲暇时间随之增多。个体随着年龄的增长逐步进入老龄化阶段，因此可以说闲暇是对老人辛苦一生的一种眷顾。闲暇成为老年人生活的重要内容。对闲暇时间的认识和利用，决定了老年人的生活质量。对闲暇的认识基本上有两种观点，一种是闲暇无价值论，一种是闲暇有价值论。在传统社会观念里，老年期的闲暇代表了成就与威望；在现代社会观念里，老年人的闲暇则意味着人生的继续与补偿。如果将年轻时的劳动角色视为对社会的尽职尽责，那么老年期的闲暇时间则更多的是为了满足老年人的宿愿。按照自己的意愿安排生活，这是最高的精神境界和心理满足，也是达到长寿、健康、愉快心情的最佳途径。

二、中老年体育概述

（一）中老年体育的意义

1. 中老年体育的意义

中老年体育主要是以提高中老年人身体素质，促进中老年人社会活动，提高生活水平而开展的各式各样的体育活动。

（1）中年人体育的意义

中年人是社会财富的主要创造者，是推动社会发展的中坚力量，是承上启下的一代。据统计，科学创造的最佳年龄阶段是25～45岁；技术创造的最佳年龄阶段是35～45岁；文学创作的最佳年龄阶段是27～45岁；社会科学创造的最佳年龄阶段是35～67岁。如果就人生的整个历程而论，中年人是为社会创造物质财富和精神财富的最佳时期。

中年人年富力强，但由于人体发展的自然规律，身体机能不可避免地开始从旺盛逐渐走向衰减。同时他们肩负的社会重任，使得他们必须面对一系列问题的挑战：婚姻、家庭、培育下一代、赡养长者、职业、事业、竞争、压力、疾病都会直接给成年人带来身心双重影响。伴随社会变迁的加剧，生产方式、生活方式的改变，生活工作的繁忙、节奏加快，闲暇时间的减少，也会使中年人较易产生疲乏感、紧张感，甚至引起不适应症。因此，体育运动以它独有的方式，可为成年人提供一个独特的舒缓空间。对中年人来说，社会体育为他们享用体育运动提供了良好的机会。

体育运动对于中年人来说，其意义概括起来有以下几点：

①延缓衰老,降低身体机能下降的速度

进入中年以后,人的身体机能、素质与运动能力一般很少再提高,随着年龄的增加,出现逐渐减退的趋势。但就个人而言,这一发展变化过程有很大的个体差异。坚持身体锻炼的人,不仅能将个人的各种身体能力的最佳状态较长时间地保持下去,而且中年后期阶段,能明显延迟身体各种能力下降的开始时间和减小下降的幅度。相反,有些中年人未老先衰,虽然年仅四五十岁,但体力年龄却已降到60岁的水平了。中年期参与体育运动,具有防衰、抗衰,使身体各种能力较长时间保持在高水平状态上的作用。

②防治各种疾病,保持旺盛的精力,提高工作效率

对中年人来说,体育不仅可以健身、强体,还是防病、治病的有效手段。有关调查结果表明,坚持经常身体锻炼的中年人,不仅很少患流行病,而且心脏病、高血压、糖尿病、肝炎等常见病的患病率也明显低于一般人。另外,采用体育的手段治疗某些疾病,能收到一般药物所不及的效果。

人力资本理论认为,健康是发挥人力资本作用的基本保证和防止人力资本丧失的重要手段。人体的健康状况直接影响着人力资本的投资效率和收益的效率。中年人作为社会人力资本中的生力军,其精力是否充沛和旺盛,成为直接影响工作效率的重要因素。而精力是体力、智力和心理因素的综合反映。经常进行身体锻炼,积极参加各种体育活动,不仅可以提高和保持中年人的体力水平,对保持高水平的智力(记忆力、观察力、判断力、综合能力等)及其发展也有促进作用。中年人体育与工作效率水平的提高有着内在的联系。

③加强社会交往,丰富业余文化生活

从社会学角度看,中年人参加体育运动不仅是一项身体性活动,还是一种社会交往互动活动。通过各种体育比赛,参与各

种运动群体活动，可以扩大中年人社会接触面，加强不同职业、不同社会地位、不同年龄阶段各种类型和层次的人之间在工作与生活，以及文化休闲等方面信息的广泛交流。在日趋工业化、城市化和以业缘关系为主的现代生活中，这种体现人本主义(功利主义色彩较浅)的社会交往活动显得越来越重要。同时，在娱乐、健身与健美、休闲与锻炼中，还可以体验到陶冶情操、丰富业余文化生活的作用。

(2)老年人体育的意义

①健身防病，健身祛病

健康的晚年和经常性体力活动分不开。事实证明，体育活动可以减少和预防一些老年疾病的发生率。如冠心病是老年易发病，通过体力活动，每天多消耗能量 400～500 千卡，就能使其发病率明显下降；每天坚持步行 20 分钟以上的人，其心电图上异常改变的发生率比未参加活动者低1/3。就血压来说，经常练太极拳，50～59 岁的老人能维持正常的血压(134.1/80.8 毫米汞柱)。骨质疏松也多发生在少活动的中老年人中。根据统计发现，从事农业劳动者一般平均年龄在 64 岁左右，其骨骼中的骨质密度较大，而骨质量约为 80.8%；而另一组平均年龄只有 52.3 岁经常坐着工作的人，其骨质量却为 61.1%。因此，预防骨质疏松的有效途径也是经常参加体力活动。

有些老年疾病也可以通过体育活动起到治疗的效果。体育锻炼可以使一些运动性障碍的疾病，如关节炎、退行性病变、肌力活动能力减退等疾病都能在一定程度上达到药物所不及的效果。

②延缓衰老

岁月流逝，在人们的神经系统也留下了深刻的印记。通常情况下，老年人的大脑自身重量比 20 岁时减少 6.6%～11%，同时大脑表面的面积也比年轻时候有所减少，为年轻时期的

10%左右。这是神经细胞大量死亡和萎缩造成的。通过体育活动对中枢神经系统的直接刺激作用,可以延缓神经系统的衰老过程,保持敏锐的头脑。

“老年学”的学者们在探索运动与寿命的关系中,曾用大白鼠做实验,发现经常运动的大白鼠的寿命比不运动的大白鼠长。在对人的寿命与运动关系的调查中,发现运动员的平均寿命都较同代人略长。一位学者观察了 396 名男子滑雪运动员,他们出生于 1845～1910 年,该学者追踪观察到 1967 年,发现他们的平均寿命为 73 岁,比同年代的普通男子平均寿命多 4.3 岁。另一位学者观察了两个大学的情况,其中 4976 名划船运动员(1882～1902 年间出生的运动员)的平均寿命为 67.9 岁,比他们的同学高 6.3 岁。

在我国几组长寿老人(80～100 岁)的调查中,发现长期从事体力劳动的人所占的比例很大,低者为 80%,高者为 100%。105 岁长寿老人冉大姑是最突出的一例。这些长寿老人当中有不少长期练习太极拳、气功或做其他运动。外国的几组对长寿者的调查资料也说明长寿者多数是从事体力劳动的。一些一直生长在山区的长寿者经常攀登山路,心肌、体质得到了很好的锻炼,这正是他们长寿的重要原因。

总之,对老年人来说,适当的体育锻炼是健康之路、长寿之路。

③改善老年人精神文化生活的水平

人们进入老龄化阶段,生理、心理都发生一系列的转变,容易产生孤独症和心理情绪的波动起伏。这些变化需要进行调整,重新构建与自身状况相适应的生活模式,以积极的心态进入新角色的转换。体育锻炼让老年人的空余时间的精神文化生活丰富多彩。而老年人也可以充分利用充足的空闲时间,积极参与到形式多样的体育健身活动中去,感受运动带来的快乐;也可以促进社交，扩大社交范围。这样不仅排除老年人退休后的孤独与寂寞，同时也让老年人生活充实，身心愉悦，增强幸福感指数。这对于提高老年人的空余文化生活和精神生活的质量有着十分重要的意义。

（二）中老年体育的特点

1. 中年人体育的特点

（1）自发性

中年人是抱着为实现自我需要的目的接受社会体育和参加运动的。如果他们所要求、期待的目的不能得以实现，就不会继续参加体育活动。所以，面向中年人的体育运动要建立在自觉的基础上，要在确定社会体育计划、目标及选定社会体育内容和方法时全面了解并反映中年参与者的要求，只有这样，才能把中年人自发的运动要求变为自觉的、主动的体育活动。

（2）现实性

一般来说，中年人的运动要求产生于他们现实的个人生活和职业生活的实践中，他们希望通过参加运动解决减肥、增加肌肉力量、调整情绪、结交朋友、放松娱乐等现实生活中的问题。这就要求中年人体育必须同他们生活的实际需要相适应。同时还必须促使他们将已有的运动经验具体地运用到社会体育活动目标、内容和方法之中。

（3）灵活性

由于中年人体育是根据每个中年人不同的运动要求和实际生活需要来进行，所以不可能采用类似学校体育“教学大纲”那样的统一模式，这就确定了中年人体育的灵活性。但是对于职业和生活环境相同或相似的中年人，也可采用类似“标准化”的方法。

（4）针对性

中年人参与体育运动只是为了解决生活中遇到的问题和掌

握在生活中应用的运动知识技术。因此，中年人体育必须有很强的针对性，与中年人的实际需要相结合。

2.老年人体育的特点

(1)积极性

健康和长寿是老年人晚年生活的一种向往和追求，这一特点也使得他们比较自觉、主动和积极地投入到各种身体活动中去，而且具有较强的持久性和稳定性。同其他年龄人群相比，每周坚持体育锻炼 3 次的老年人约为 78%以上，参加锻炼的老年人比例也较中年人高。

(2)结群性

老年人在生理、心理、社会角色等方面的相似性，决定了老年人参加体育活动喜欢以群体的方式进行，结群的途径既可由上而下，由政府设置各种群体或组织吸收老年人参加某种团体的体育活动，也可由老年人自发通过地缘或趣缘的媒介自发聚集成各种各样的小群体，如秧歌队、冬泳队、晨练点等。

(3)针对性

预防疾病是老年人参加体育活动的主要动机，因此老年人体育的内容和方法应显示出较强的针对性，才会对老年人产生吸引力。另外，老年人的身体机能和身体素质相对弱化，对体育活动的适应能力无论在运动内容、时间、运动量、运动强度，还是运动环境等方面都有一定的局限性。因此，在老年人体育活动的安排中，应体现出因人而异、区别对待的指导原则。

(三)中老年体育的内容

1.中年人体育的内容

(1)多样性

对于中年人群来说，在生理、心理、社会等一般特征方面具有一定的相同性。但就个体的角度而言，中年人群的职业劳动类型、经济水平、社会地位、生活方式、闲暇时间、社交范围等方面差异性更明显，表现在参加体育活动的主观动机和身体机能、身体素质的客观承受能力方面具有较强的差异性。因而，对体育活动在内容上具有宽泛的适应性。无论是健身类、健美类、娱乐类运动，还是医疗康复体育、竞技运动、野外活动，都适合中年人群。

(2)专门性

这是相对个体而言的，中年人参加体育活动时，选择的内容往往受习惯、兴趣的影响，经常性运动的内容多数是比较专一的。

2.老年人体育的内容

常用的适合老年人的体育活动内容有：

(1)步行

步行运动是人们活动过程中最具有代表性的一项体育活动。对于老年人来说，步行运动是一项比较简单、人人都能快速适应的一种运动，单纯的以运动来讲，步行运动与平时的步行又有很大的区别。

一般来说，老年人步行有以下几个特点：

①步行速度慢。

②步幅小。

③行走呈“八”字步。

④两脚着地后停留的时间长。

⑤行走时脚拖地。

⑥两臂摆动幅度小。

有益于身心的步行方法就是要逐步改变老年人行走的自然特征，采取与以上6种特征相反的姿势行走。经调查发现，老年人每天步行1.5～2小时(速度为3千米/小时)，代谢率提高48%。长期坚持下去，就能收到很好的锻炼效果。

(2)慢跑

老年人跑步锻炼要根据跑时最高心率(次/分)来掌握，一般不超过170减去年龄的数字。例如，年龄达到60岁的人，最高心率不超过 170－60＝110(次/分)。

(3)保健操

老年人锻炼还可以采用一些动作柔和轻缓、呼吸自然、运动负荷较小的肢体活动形式,如八段锦、太极拳、木兰扇等。

(4)小强度球类运动

小强度球类运动是指那些适合老年人的简单易行、运动量较小、娱乐性较强、技术性和对抗性较弱的球类运动项目。如羽毛球、门球、简易高尔夫球等。

(5)娱乐性或健身性游泳

包括夏季游泳和冬季游泳等。

除了上面介绍的几种运动内容外,老年人还可以根据自己的健康状况、兴趣爱好和运动习惯,选择参加广播操、自行车、登山、垂钓、旅游、气功等方式的运动锻炼。

(四)中老年体育的指导要点

1. 中年人体育的指导要点

(1)积极引导强化动机

中年人家庭和工作负担重、时间少,一部分人觉得自己身体健康,容易忽视身体锻炼。因此,首先应积极引导中年人建立参与体育活动的主观意识,激发自觉、自愿、积极参与体育运动的欲望,强化参与运动的动机。

(2)了解差异合理确定锻炼方案

中年人群在年龄、生理、心理、职业特点、社会地位、体质状况、对体育的需求程度、原有的体育运动经历等方面存在着较大的差异性。充分了解这些差异,根据不同中年人群的特点,有针对性地提出和确定锻炼方案,制定运动处方,是十分重要的。

(3)定期检测及时反馈锻炼效果

一般来说,中年人参加体育活动具有比较强烈的功利性。他们往往追求“立竿见影”的锻炼效果,因此,要及时进行运动效果测定，让其直接了解锻炼的效果，以满足和不断激发其参与体育活动的欲望，保持体育运动行为的持久性和稳定性。

(4)科学锻炼预防运动伤害

进入中年后，身体机能呈逐渐衰退的态势，但许多中年人仍不愿意接受这样的现实，在参与体育活动时容易出现“逞强好胜”的现象，此时往往造成运动性损伤。所以在锻炼应注意科学引导，预防和避免伤害事故的发生。

2.老年人体育的指导要点

(1)健康检查

有些老年人表面上看起来很健康，但常常有潜在的疾患和部分机能低下，因而健康检查是不可忽视的，特别是对那些初次参加运动的人来说尤为重要。急性病、重病、没有得到控制的慢性病患者，不宜进行体育活动，盲目运动是十分危险的。

(2)制定运动处方

老年人身体机能水平的个体差异大，一般公式推算出的运动处方可能不适用于所有的老年人。因此，一定要以个人检查数据为基础分别制定个别处方。运动处方中要对运动目的、运动项目、运动强度、运动时间、运动频率等提出具体详细的建议。

(3)选择运动环境

老年人体温调节机能下降，必须注意环境温度。一般来说，气温在5℃～27℃之间、湿度在70％以下的环境最有益于老年人参加体育活动。冬天应避开黎明时分，太阳升高时才适合运动。夏天应避开中午，选择清晨，以防止中暑。尽量使用专业的运动设施。由于运动能力的差异性，应避免与年轻人在一起锻炼，以防运动量失控。

(4)重视安全

老年人的体力储备少，骨骼脆弱，肌纤维弹性低，这意味着身体承担不了过重的负荷，因此运动中要特别注意安全，运动量不要超过安全界限。同时,老年人应避免做灵敏性、力量性运动及无氧运动、举重、快速上下台阶等,以避免发生伤害事故。

(5)注意身体与精神的平衡

体育运动不仅是身体的锻炼,情绪愉快等精神方面的收获对健康的作用更为重要。老年人参加体育活动不应仅着眼于身体,而要通过身体活动接触社会、结交朋友、寻求欢乐。因此,应重视康乐的效果,如建立和谐互动的运动群体,创造亲切和谐的运动氛围等。

第四节　女性群体休闲体育的发展

一、女性休闲体育概述

作为中国古典生命美学的源头。《周易·坤卦》中载:“至哉坤元,万物资生,乃顺承天……行地无疆,柔顺利贞。君子攸行。”乾向阳,坤向阴,这正好完美地体现了我国女性生命美学的开始。《周易·文言》又曰:“坤。至柔而动也刚。”女性的本质是至柔的,但一动便变为刚。柔,乃女性生命美学之至要,加上中国几千年文化礼仪传统的熏染和约束,中国历代无数佳人已把“柔”性之美发挥得淋漓尽致,让无数人惊叹不已。刚,作为女性的另一种生命之美,历数各朝各代,除少数如花木兰的女英雄,女性的“刚”美还只是黑暗中的玫瑰。女性之刚美可分为两个方面,即身体与精神。精神方面,几千年来特别是随着近现代女权主义的蓬勃发展,女性在争取自身平等、争取权利与自由方面已有很大的突破,这可谓女性精神之刚的最好证明。但女性在争取精神这个内在自由的同时却忽视了对外在身体之刚美即女性强健身体、健康之美的追求,其最好的例证就是女性整体对体育运动、体育锻炼和体育教育的忽视,以及体育观念的薄弱。女性是人类生命之源泉，是构成人类社会的不可缺少的重要部分，也正是女性的存在，才让世界变得更加绚丽多彩，假设女性个个都是体弱多病，那么我们所生存的这个世界也会变得暗淡无光。女性在人类的生命延续中承担着巨大的传承使命，可以说，女性是生命延续之本，是生命发展的源泉，庄子曾经说过："且夫水之积也不厚，则其负大舟也无力。"如果女性本身体弱多病，怎能孕育出健康而又强壮的下一代呢？

随着体育运动的蓬勃发展，体育管理及组织日益科学化，体育作为一种文化就常常蕴含着一种与在文化整体中占主要地位的性别意识形态相吻合的性别逻辑。这一性别逻辑通常为男性的利益服务，而不利于女性的发展。因而，当人们参加运动时，他们经常会达成这样一种"共识"，女性在体能训练和认知策略上的任何活动都"天生"地逊色于男子，"本能"地不如男子。而从某种意义上说，性别逻辑会严重制约女性体育文化的发展。

女性体育的发展在中国经历了曲折而又漫长的历史阶段。虽然在古代很长一段时间内，女性体育运动一直受到禁锢和束缚，但是到了唐代，女性体育运动却进入了前所未有的兴盛时期。究其原因，主要有两个方面：一方面，当时经济繁荣发展，政治上较为开明，社会处于相对稳定的状态，没有任何动荡和暴乱，为女性体育的发展创造了良好的社会条件；另一方面，汉族接受了北方少数民族风俗的影响，为女性体育的发展创造了条件。随着民主自由思潮的发展，到了 19 世纪末期，女性开始获得更多的自由，在 20 世纪，我国也出现了一大批竞技体育名人。如焦玉莲于 1934 年在华北运动会中获得女子 50 米、100 米、200 米跑和跳远冠军，其 100 米成绩打破当时的全国纪录；又如张汇兰女士，她是中国第一位女体育博士。这些伟大的女性体育先驱为中国女性体育运动的发展贡献了自己的力量，甚至为中国体育运动的发展贡献了一生，促进了中国女性体育运动的发展，使更多的女性参与到体育活动中来。

我国的现代体育是1840年由西方传教士带入中国的。当时中国女性受到封建思想的制约，女性普遍都裹小脚，中国人则被称为“东亚病夫”。自鸦片战争后，西方传教士在中国传教或兴办学校，女性在接受西方文化的同时也接受了体育教育。以康有为为代表的资产阶级维新运动就提出“女不可无学”的新思想，并号召抛弃封建思想的束缚，解除裹脚的封建文化。自1897年开始，中国人自己创办的学校都设有体育课。20世纪初期，从日本留学回来的女性大多数都从事包括体育在内的教育事业，如秋瑾和汤剑娥。夏晓陵强调：“近代女子体育与中国近代妇女运动的发展有着密不可分的内在联系，尤其是在妇女运动初期，它的先锋、启蒙示范作用，乃至于对中国革命的促进作用是非常显著的。”[①]经历了160多年的风风雨雨，如今中国体育的发展已经让世界刮目相看，是中国也成为公认的体育强国，而中国女性运动员也成为世界体坛上一道亮丽的风景线。在1992年巴塞罗那奥运会上，女运动员张山在射击比赛中以满环的成绩进入决赛，决赛中又以满环的成绩力挽狂澜，击败了参赛的男选手夺得金牌。十分滑稽的是，随后该项目被奥委会取消，五年后才得以恢复，奥委会同时出台了一项政策，即男、女分开参赛。女性既是健康、娱乐和竞技活动的主要组成部分，也是记者和解说员的主要力量，女性在体育领域的地位越来越重要，一些项目的教练、领队甚至一些和体育有关的决策部门领导层都有女性的身影。因此可以说，女性已经是体育事业中不可缺少的一部分。调查显示，我国老年女性参与体育活动的比例远远高于男性。

---

① 夏晓陵：《中国近代女子体育民近代妇女运动》，《体育文化导刊》2002年第6期。

在国际的体育竞赛中，女性成为中国的“大半边天”。不同视角、不同层面的学术讨论在“阴盛阳衰”或“凤先飞”的现象中激烈地展开。曾小松指出：“在全社会多方位、多层面因素交织影响的作用了促成了这一结果。”主要有三个方面的体现：①社会制度的优越性；②科学的训练以及刻苦的精神；男运动员陪练的作用。[①] 董进霞在英文专著 *Women, Sport and Society in New China-Holding up More than Half the Sky* 中写道：“在竞技体育领域中国女运动员取得的成功是众多因素相互作用的结果。国内与国际政治风云、传统文化、爱国主义、共产主义的意识形态、经济发展水平、中央计划、以取胜为导向的体育方针、体育商业化以及社会对女性期望要求上的变化等的因素共同作用的结果。”孙玉军、孟凡强认为：“我国竞技体育‘阴盛阳衰’现象是在社会环境因素和体育事业内部诸因素的共同作用下形成的。”[②]我国女运动员多年以来在国际大赛上取得了优于男运动员的成绩，但在某些报纸体育版以及体育类报纸中，性别偏见的问题却依然有不同程度的存在。除了体育报道本身的特点这一因素外，这种现象还与传统观念、社会环境等存在千丝万缕的联系：第一，男性占据了我国大部分体育新闻采编队伍。第二，健美、力度是体育不可或缺的追求，对抗的激烈以及大幅的身体摆动正是最好的体现，这些显然与传统文化中对女性的要求相悖。尽管大众思想在如今的年代已经有了一定的改观，但在女性体育运动项目中，也只有那些观赏性强且没有激烈对抗的项目（如体操、跳水、射击、花样游泳等）才能受到广泛的认同。虽然像女足、女篮等对抗性较强的项目，媒体也会有相关报道，但并不代表媒体、广大受众认同甚至鼓励女性从事这样的运动。第三，在

① 曾小松：《中国妇女社会体育地位的变化》，《体育文化导刊》2001 年第 5 期。

② 孙玉军、孟凡强：《我国竞技体育阴盛阳衰现象的成因分析》，《南京体育学院学报》2006 年第 1 期。

体育新闻的受众群体中男性占据了压倒性的比例。拥有女性与运动员双重身份的女运动员一方面享受着平等的体育竞赛机会,另一方面在面对社会对女性的期待、要求与限制时也表现出这样与那样的不适应。为了应付社会对女性这种充满矛盾的要求,她们采取现实主义态度以及做法。因此,对家庭、运动训练与社会转型期价值观念的变化之间的关系有正确的认识与把握是必然的要求。

性别分为“性别”(sex)与“社会性别”(gender)。前者指在生理上男性与女性的差别;后者指在社会文化的建构下,形成的男、女两性之间的性别特征与差异,也就是社会文化造成的男女之间的差异,或者是男性或女性形成于社会文化中的群体特征与行为方式。休斯顿认为,造成以往性别研究方面的结论不一致的原因主要是概念上的混乱。因此,在性别角色认同研究平台的搭建上,关键点在于明确性别角色概念的认同。

科尔伯格认为,在性别角色认同上的依据是性生理的区别。性别认同也就是个体认识、理解或自我意识中的性别状态。谢弗则认为,对自己与他人性别正确的标定就是性别角色认同。蔺桂端等人也指出,性别角色认同也就是个体关于自己性别的确认。强调个体对生理性别的认识是这一类概念的最大特点所在。

弗发表的《性别认同研究中必需的概念》提供了新的界定性别角色认同这一概念的思路,把性别考虑为社会范畴的一种。海登认为,性别角色认同意指个人在理想的心理结构上对他或她自己的性别群体的认同,在行为、态度、情感上有适合个人的行为表现。[①] 林崇德认为,性别角色认同指真正性别角色的获

---

① [美]珍尼特·希伯雷·海登、[美]B.G罗森伯格著,范志强、高晓虹译:《妇女心理学》,云南人民出版社1986年版。

得，是以社会文化对男性、女性的期望为依据，进而形成的相应动机、价值观、态度与行为，并在进一步的发展下成为男女性格方面的特征，也就是男子气（男性气质，masculinity）与女子气（女性气质，femininity）：个体以生理性别为基础，对适合个人性别群体的社会文化所期待的理想行为模式的认可程度是这一类概念所强调的。[①] 以上这些研究证实，性别角色社会化进程同时受到生物因素与社会文化因素的影响。

社会和谐的基础之一就是性别和谐，社会发展的组成部分就包括女性发展与男女性别平等，也是衡量社会进步的重要标志之一。没有男女协调发展的社会进步必然是不全面的，人类的可持续发展也将无从谈起。体育上所说的两性和谐一般有两层含义：一是同时发展两性体育即共同发展；二是和谐发展两性之间的体育即两性体育互为条件地发展，相互促进，相互依赖。男性体育的全面发展离不开女性体育的发展，反之亦然。无数的社会发展实践也证明了妇女的发展是人类全面发展的重要组成部分，是社会和谐进步的不可或缺的力量。因此，和谐社会的重要根本之一就是大力促进女性体育的发展，女性体育的发展有力地保证了社会主义和谐社会的构建。和谐社会不仅需要物质的文明，人的身心健康与自我价值的实现更是不可或缺的，直到全面发展为最理想的人。

人是社会的主体，社会活动正是由人的活动所构成的，所以，人的发展是社会进步与发展的最终体现。因此，以人为本、促进人的全面发展是构建社会主义和谐社会应该坚持的。社会的现代化、人的现代化，都离不开对人有促进作用的体育。生命在于运动，这也是体育的根本所在，体现了体育的日常性与平民性。只有人人都明白了体育的重要性，并积极参加体育运动，才

① 林崇德：《发展心理学》，浙江教育出版社 2005 年版。

能接近实现人人健康，尤其是女性参与的能力、参与力度、参与广度的水平，对一个国家或地区的和谐、稳定有着重要的影响。占人口总数一半的妇女是社会主义和谐社会的重要依靠，因为她们是伟大又不可或缺的人力资源，在先进生产力与先进文化的发展上起着决定性的作用。妇女的生存状态与发展水平不仅影响社会的协调运行，更是与后代人的可持续发展密切相关。女性与男性共同创造了社会物质文明与精神文明，也推动着人类历史的进步。女性体育发展的问题不能局限于体育界，要依靠全社会去解决，社会前进也同样需要它的进展来推动。我们需要在改革开放与现代化建设的大背景下思考、推进、筹划女性的发展，充分认识到占人口半数的妇女的广泛参与是全面建设小康社会所必须的。把社会主义物质文明、精神文明、政治文明的协调发展作为根基，进而促进女性的发展与进步，结合全面建设小康社会与女性发展之间的内在关系，充分认识到妇女全面发展的内在动力在于女性思想道德素质、健康素质以及科学文化这三个方面。衡量妇女全面发展方面的重要尺度是要看女性与经济社会的发展是否同步，与男性的发展是否协调。要处理好妇女个体发展与妇女群体发展之间的关系，多措并举，使构建和谐社会与妇女平等发展真正落到实处。今天，在世界的许多地方，越来越多的女性自由地参加各种类型的体育活动，大众对竞技体育的热情也在上升，在促进体育发展中，政府、媒体在其中起到推动作用。

在女性竞技体育优势的带动下，在构建和谐社会的精神动力的推动下，目前城市女性体育普及率在提高，越来越得到人们的重视，健康体育观、大众女性的体育意识逐渐深入人心，但是，我们不能忽视农村体育的女性体育意识，要加强农村体育知识的普及。社会主义和谐社会的重点与关键在于农村的建设。抛开农民的小康，全国的小康无从谈起；同样，农民的健康也决定了全民族的健康。有调查显示，农村体育事业几乎没有得到开展，更不用说农村女性的体育发展。另外，学校体育教育要系统化，加强对女性体育观念的培养，使她们树立终身体育的健康体育观念，这是对构建社会主义社会的最好促进。

女性参加体育活动，不仅有益于自己的健康，对下一代甚至几代人的体质都有重要影响。体育锻炼正在被越来越多的女性朋友所认同。但女性参与体育锻炼的行为还受到社会和自身诸多因素的影响和限制，我们应正确进行指导和组织，在宣传上加大力度，创造良好的体育氛围，引导女性投入到体育活动中来，促进女性体育的发展，促进体育内部和谐，促使社会主义社会更加和谐。

二、历史上的中国女性休闲体育

相对于男性，中国古代女性的生活环境是相当压抑而封闭的。低下的经济地位与政治地位决定了她们休闲娱乐活动的范围与规模不可能太大，缺少像男子那样参与休闲的权利。总体而言，在古代社会休闲文化中，女性不是主要的参与者，追求人生的享受与精神满足的休闲娱乐对相当多的女性而言，都是陌生甚至闻所未闻的事情。但我们不能因此而得出古代中国的女性完全没有休闲生活的结论。固然，终生劳作使古代下层女性无暇休闲，文化的压制更使女性没有条件休闲。但这只是她们生活中悲的一面，古代女性的生活中还有欢的一面。虽然她们在中国古代休闲文化中所占的分量与地位并不显耀，但仍是不能忽视的一个休闲群体。而且，值得注意的是，封建时代女子们所处的较低的经济、政治和社会地位又使她们比男子有较多的空闲时间来进行各种各样的游戏娱乐活动，尤其是上流社会的夫人、小姐，甚至也包括一般家境下的民家女子，都是休闲的成员。虽然一般家庭的女子平时要参加生产劳动，家庭事务也十分繁忙，但劳动之余，如农闲季节或节日之中，她们也经常要参与各种游戏活动，以此来驱除疲劳，调节情绪。统治者在节日中对人们的行为限制较少，放松了对女性们的管束和制约，因此，古代女性们游戏玩乐的时间主要集中在节日。总之，古代中国女性的生活画面并不完全是单色调的，它既有暗色也有亮色，既有苦难与悲哀，也有快乐与欢愉。认识到这一点，才能对古代女性的生活有一个完整的认识。

（一）女性休闲体育形态

1. 游春、踏青、观灯等游乐活动

游春、踏青是我国古代女性最喜爱的一项游乐活动，这种风气早在先秦时代便开始了。《诗经国风·周南·汉广》中的“汉有游女”，《王风·出其东门》中的“出其东门，有女如云”，都是对女性在郊外游玩场景的描绘。周朝至汉代，三月三日定为上巳节。这一天，全国上下男女老少都要到东流水上去洗涤污垢，祛病除邪，所以这一天也成了女性们的春游日。其后，女性的游春踏青活动不断得到发展，元宵节后到三月三、清明节前后，都是历代女子春游最多的节日。唐朝是游春、踏青活动的鼎盛时期，每年三月三日盛行女性游春，这从古代文人才子的大量诗词画赋中即可见一斑。张登的《虢国夫人游春图》中描绘了唐玄宗时煊赫一时的杨贵妃姐妹骑马游春的情景和奢华排场。杜甫的《丽人行》中的“三月三日天气新，长安水边多丽人”，施肩吾的《少妇游春词》中的“簇锦攒花斗胜游，万人行处最风流”，都将唐朝妇女们游春的景致描写得淋漓尽致。唐代以后，游春、踏青的节日逐渐转向了清明节，和清明扫墓活动结合了起来。在宋代，女性到郊外“探春清明”一般集中在清明时。北宋都城汴京（今河南开封）的贵家妇女，多乘小轿出游，轿上插花，不挂轿帘。洛阳、杭州的妇女们在清明前后浓妆艳抹、华服丽饰，接踵连臂地翩翩出城游玩。宋代女词人李清照就是个极爱出游的女性，她的《如梦令》写道：“常记溪亭日暮，沉醉不知归路。兴尽晚回舟，误入藕花深处。争渡，争渡，惊起一滩鸥鹭。”唐宋时代兴盛的女性春游风俗到了明清已不再那样流行，但女性清明扫墓踏青的习俗在许多地区仍保留着。观灯、闹灯，也是中国古代女性最喜爱的游乐活动之一。正月十五元宵节，古代也称“灯节”。自古以来，民间闹灯娱乐都集中在了元宵节，也是女性外出游玩最快乐、自由的日子。正月十五前后几天，历代朝廷往往都要解禁数夜，即便是京城也不再禁止夜行，让人们尽情游玩，自由自在地看灯。火树银花在各地的灯市中映如白昼，街上的歌舞演出、杂技以及各种游艺活动层出不穷。女性们则都在梳洗打扮后成群结伴地到街上观灯游玩。这一习俗唐宋时极为盛行，一直延续到明清时期。

南宋计有功《唐诗纪事》中生动地描写了唐代元宵夜的倾城出游，说是“美人竞出，锦幛如霞，公子交驰，雕鞍似月。同游洛浦，疑寻税马之津；争渡河桥，似向牵牛之渚。实昌年之乐事，令节之佳游者也”。明代谢肇的《五杂俎》记道闽中民众元宵节观灯时，游人仕女，车马喧闹，夜尽才散。《儒林外史》第十一回描述江南民众观灯：“各庙社火扮会，锣鼓喧天，人家仕女，都出来看灯踏月，真乃金吾不禁，闹了半夜。”

2.荡秋千、放风筝、蹴鞠、猜谜、斗草等游戏活动

荡秋千，这在古代几乎是专属于女性的一种游戏。据说它原是汉武帝时期后庭的一种游戏。汉武帝时，每到皇帝诞辰祈祷“千秋”之寿时，就让宫女们玩这样的荡绳游戏，寓意为长命百岁，千秋永在，为了避讳便将“千秋”倒了过来，称作“秋千”。早在南北朝时期，荡秋千游戏已经在女性中非常普及。到了唐代，荡秋千成了清明、寒食节中一项十分盛行的习俗。唐代非常热衷于荡秋千之戏。王仁裕的《开元天宝遗事》记载：“天宝宫中至寒食节，竞竖秋千，令宫嫔辈戏笑，以为宴乐。”在宫廷之外，荡秋千活动在民间女子中更为盛行。杜甫诗云“十年墩鞠将雏远，万

里秋千风俗同”，由此可见，荡秋千的风俗在唐代的清明、寒食节之流行。唐代以后到明清时期，荡秋千这种传统游戏风俗仍长盛不衰。《燕京岁时纪胜》《永平府志》等书记载了这样的情形：在每年的元宵节、清明节等节日，京城和许多市镇中出现了“家家树秋千为戏”的壮观场面。古代女子们对荡秋千的钟爱反映在文人的诗作中。最著名的当属苏东坡的《蝶恋花》：“墙里秋千墙外道，墙外行人，墙里佳人笑。笑渐不闻声渐悄。多情却被无情恼。”寥寥几笔，将闺中女儿家荡秋千时的生动活泼，的欢声笑语描绘得淋漓尽致。李清照《点绛唇》的“蹴罢秋千，起来慵整纤纤手。露浓花瘦，薄汗轻衣透”也颇具形象，且意趣丰富。少数民族女性也十分喜爱荡秋千这样的游戏活动。“花朵”一词在蒙古语、维吾尔语等中就是指“秋千”。此外，我国妇女喜欢的其他游戏活动还有放风筝、蹴鞠、猜谜、斗草等。

3. 吟诗结社、琴棋书画等文化娱乐活动

无论是宫廷中的贵族女性，还是普普通通的民间女子，都进行吟诗结社、琴棋书画等文化娱乐活动。读书习文、吟咏诗赋，是古代有文化女性的普遍爱好和闲暇生活的重要内容。由于文学、诗词包含丰富的情感内涵，所以它们不仅是女性闺中消遣的良伴，也成为她们抒发胸臆、寄托情思的方式，并且由此产生了一大批才女佳人。东汉时的班昭、三国的蔡文姬、唐代的薛涛以及宋代的李清照、清朝的顾太清等，举不胜举。明清时期，士大夫阶层女性、闺阁女诗人甚至结社会友，或拜名士为师入门学习。

《红楼梦》中的《秋爽斋偶结海棠社，蘅芜院夜拟菊花题》《林黛玉重建桃花社，史湘云偶填柳絮词》这两回就是专门描写了这方面的内容。这些内容不仅真实地反映了吟诗结社是古代知识女性的一种高雅的文娱活动，而且向我们展示了当时士大夫之家闺中女子结社赋诗风气之浓厚和女子们的聪明才智。除诗词之外，琴、棋、书、画也是古代女性钟情的高雅文化娱乐活动。自古淑女都以工于诗文章句、长于琴棋书画四艺为最高境界，这也是男性心目中理想的风雅女性的修养，这种价值观使得诗、文、书、画、琴、棋成了古代长盛不衰的女性文化娱乐活动。在中国古代中上层社会中，音乐教育是女子闺中教育的重要内容。许多家庭中女子都从小学习琴、筝乐器。因而在我国历史上，有众多的拥有非凡艺术才华且能歌善舞的女子。汉代富商之女卓文君、唐代出身宦门的杨贵妃以及文学作品中的佳人淑女无不通晓丝竹音乐。《红楼梦》中也写到林黛玉秋夜"抚琴悲往事"。观赏歌舞、戏曲等也始终是各朝代女性乐而不疲的娱乐活动。作为文人青睐的书法和绘画，也不乏闺中高人。我国古代"书圣"王羲之，先前就曾拜过东晋著名女书法家卫夫人做老师；唐朝的武则天所写的《周升仙太子碑》，是历来被人们所盛称的著名唐碑；五代蜀中才妇李夫人和江南童氏都以善画丹青载入史册；元代管道升以善画墨竹兰梅、人物山水并写得一手好字而著称于一时；明清时期，金陵的秦淮女子，喜爱书画的不少，其中马湘兰善画兰花，在当时和后世都很有名。古代文化层次较高的女性对敲棋对弈也表现出了极大的兴趣，围棋就是从宫廷贵妇到小家碧玉都喜爱的一种娱乐竞技活动。下围棋的时候，高雅的格调和安静的气氛与常年深居闺房的贵族女性的生活方式非常相谐。古代中国贵族女性生活优裕且百无聊赖，因而需要花费大量时间的围棋成为了她们打发时日的最好方式，围棋便成为古代贵族女性最情有独钟的一项游戏活动。古代中国女性从事的休闲娱乐活动还有很多，如投壶、双陆、藏钩、摸骨牌、抓子儿、巧戏、行酒令等闺中游戏，相扑、马球、射箭等体育竞技活动。唐朝宫廷女性还常常举行拔河、划船竞赛，民间女性还有跳绳、踢毽子等等。

(二)古代女性休闲特点

通过对女性休闲娱乐活动的考察,我们发现,在男性本位文化的历史中,女性不可避免地要充当附属或从属性的角色,这种悲剧的角色地位会影响女性方方面面,当然也会影响到她们的娱乐生活,这使得我国古代女性休闲活动表现出一些独特性,主要表现为:

1.休闲内容的差异性和参与主体的不平衡性

从古代女性休闲活动的参与主体来看,休闲娱乐活动并没有成为所有女性的一项权利,表现出明显的不平衡性,不同的休闲主体,其参与的休闲内容也有明显的区别。古代中国女性休闲娱乐主要局限在了四个层次的参与主体:

一是宫廷女子。这主要指的是生活在宫廷中的皇后嫔妃,她们在深宫高墙里过着奢华却冷清寂寞的生活,有大量的闲暇时间过着百无聊赖的生活,她们只能以游戏娱乐来打发时日,以弥补精神上的空虚。所以,她们无疑是女性休闲娱乐群体中最重要的角色。她们不仅可从事民间女性所从事的一般休闲活动,而且还能参加一些专属于宫廷的休闲活动,如打马球等。另外,宫廷女性还时常成群结队戎装骑马、携弓带箭,随皇帝到山野打猎,还可以和男人一样骑马、射箭,而这在民间女子则较少。

二是生活在上流社会的夫人、小姐。这个群体主要集中在贵族、官僚家庭中。在休闲娱乐活动中,她们也是主要成员。她们也和宫廷女子一样,身着绫罗绸缎,吃着山珍海味,过着养尊处优的生活,但她们由于受着封建社会中的门第观念、封建礼教的束缚,平时从不迈出家门,刻板的生活方式和严格的闺房戒条,使得这些处于社会上层的贵族女性们常常难忍寂寞。因此,也要寻找一些高雅的文化娱乐活动来消遣。例如,读书作诗、抚琴下棋绘画,主要是上层社会名门闺秀的娱乐消遣活动,民间普通百姓较少从事。就拿下围棋来说,由于下围棋要花费较多时间，又必须精于计算，所以在那些生活条件优越且闲暇时间充沛的贵族和士大夫中这样的休闲娱乐活动较为流行，而在一般老百姓中出现较少。另外，从我国游戏发展的历史来看，在唐宋以前，以封建帝王为首的大官僚、大地主组成的上层统治集团是休闲游戏的主体，也只有在上层统治集团中，许多游戏活动才较为盛行，这是当时高度集中的社会权力与财富、急速增长的娱乐消费需求的产物。到了宋代以后，由于市民文化和商品经济的发达和繁荣，游戏才进入市民阶层，具有了通俗化、娱乐化的倾向，这也是游戏活动参与主体不平衡性的一个反映。

三是妓女。在古代中国女性休闲中，这是一个特殊的群体。妓女，尤其是艺妓，在中国古代女性休闲活动中是不可忽视的重要参与者。为了取悦男客，挣到更多的钱财，游戏娱乐就成她们常用的一种手段，如掷骰子、玩纸牌、搓麻将或猜拳行令。文化层次高的还会吟诗作赋，抚琴吹箫，几乎每人都掌握一定的娱乐本领。加上古代贵族女性和良家女子社交活动要受到种种限制，也从各个方面成全了妓女们，使她们成为社交场合的一种特殊角色，从而在中国历史上留下了不少艺妓的名字。如苏小小、薛涛、马湘兰、柳如是、董小宛、陈圆圆、李香君等，个个技艺精湛，为后人所称道。四是民间普通女性的民间普通女性休闲活动中受到很多的局限。一是在时间上，主要集中在节日，平时整日忙碌于劳动生产和操持家务，一年很少有空闲玩乐的机会。二是她们的休闲多是与劳作结合在一起，如在劳动的间隙或丰收时节的劳动歌舞。另外，有很多游戏，如斗百草、巧戏、荡秋千等活动主要是闺中少女参与得多，出嫁后的女性很少有时间参与。另外，古代女性的休闲娱乐主要是局限在家庭之内，具有明显的家庭局限性。

2.时代上的不平衡性

从中国古代女性休闲游戏的总体发展趋势来看，显示了一种时代上的不平衡性。政治开明、思想解放的时代女性的地位有所改善，女性在行为上受到较少的社会约束，因而广泛地兴盛、发展起了女性的休闲活动；而在政治较为黑暗、思想较为保守的年代里，女性受到十分沉重的压制，在行为上的自由也受到了较大的局限，故而发展女性休闲活动受到了较大的阻碍。这种情况在唐、宋、元、明、清几代表现得尤为明显。例如，唐朝是一个社会经济繁荣、封建礼教相对松弛的时代，再加上鲜卑胡风的渗透，女性们较少受到思想、行为上的约束，女性常常抛头露面，与异性来往也较自由，甚至男女同席共饮而无所顾忌，因此，参加休闲娱乐活动的各阶层女性较多，与男子玩的样式上区别不大。诸如骑射、蹴鞠、马球、秋千等，都是唐朝女性经常玩乐的游戏形式。但是到了明清时期，统治阶级大力提倡封建礼教和封建道德，对于女性思想、行动上的限制日益增强，因此，此时期女性休闲活动的发展受到了一定的阻碍，难以形成像唐朝时那样的热闹红火、各色纷呈的态势。明代是封建礼教发展的顶峰，女性的思想受到了前所未有的禁锢，交游自然也受到了限制。据说明代中叶正德、嘉靖年间以前，“南都风尚最为醇厚。妇女以深居不露面、治酒浆、工织红为常，珠翠绮罗之事少，而拟饰娼妓、交结蚶媪、出人施施、无异男子者，百不一二见之”①。这段记载说当时南京一带的妇女多深居简出，不出头露面，结交三姑六婆或像男人一样出入者，百人之中不到一两个。可见当时妇女交游已大不同于汉晋隋唐时代了。

总之，中国古代数千年不变的生产方式是男耕女织，蚕桑纺织是古代中国劳动女性的主要方式。“一夫耕，百人食之；一妇桑，百人衣之。”②从有文字的历史开始，纺织就被认为是女性天

① (明)顾起元撰，孔一校点：《客座赘语》，上海古籍出版社 2012 年版。

② (汉)王符：《潜夫论》，三秦出版社 1999 年版。

经地义的职责。《诗经·大雅·瞻印》说“妇无公事，休其蚕织”。我国古代女性的“公事”就是蚕织。大多数女性历朝历代都与织机相伴终生，晚上不仅要挑灯纺织，更有通宵不寐者，日复一日。而且还要在白天从事田间劳动，休闲时间甚微。女性不仅输送了国家的主要赋税，而且维持与操劳着家庭的大部分生活。“皆恃此女红末业，以上供赋税，下给俯仰。”[①]妇女十指间供应了家庭的衣食费用。古代中国的妇女们不仅从事采桑养蚕，且要担负着农业劳动与繁重的家务。在成年累月的纺织中，多数的农家妇女也肩负着农耕、采拾、砍樵这样的农业劳动。“夫耕于前，妻锄于后”是农家常见的劳动景象。而且，女性承担了几乎全部的家务劳动，如种菜、浇地、浆洗、烧饭、喂养家禽、收拾庭院、照顾公婆、抚养孩子。古代中国妇女的人生与全部生活被各种繁重的劳动占据大半，精力和时间损耗殆尽，使她们在精力上无暇顾及生存以外的其他活动，更不用说休闲了。在科技不十分发达的古代社会，生产力有限，所以有这样的事实：有闲等级与被奴役的百姓是社会的两个等级，区别在于有闲与无闲，等级的不平衡性表现很明显。广大劳动群众在参与休闲上受到了各种的限制正表现出了这种不平衡性，失去了在参与休闲上的权利与条件。在两千多年的封建社会里，古代中国劳动妇女在“男尊女卑”的迫害下，受到了来自于族权、封建政权、神权的奴役与压迫，在我国的无闲阶层或是少闲阶层中，她们正是典型代表。

三、女性参与休闲体育的现状

(一)生活与休闲时间现状

通常用生活时间来度量生存活动的过程。在生活时间结构的划分上，社会学家有着不同的标准：卢元镇教授认为工作(学

① (明)徐光启撰，石声汉点校：《农政全书》卷五，上海古籍出版社 2011 年版。

习)时间与业余时间是生活时间的两个基本部分。生理本能时间、义务时间以及自由时间是三分法则在时间需要的层次上划分的三个部分。为了更科学、更详尽地统计,采取了四分法,即将生活时间细分为必需时间、工作时间、闲暇时间以及家务时间。

延伸性工作时间、精神活动时间、积累人力资本时间、娱乐休养时间及消极行为时间是闲暇时间的主要组成内容。在1899年凡勃伦的《有闲阶级论》中,所谓闲暇时间就是人们除劳动外进行自由活动与消费产品的时间。他指出,非生产性消费时间就是闲暇。

在闲暇时间中,人们进行娱乐休息、生活消费以及参与社会活动,可以起到调剂劳动后身心的作用,关系到劳动力的再生产以及补偿必要劳动时间。可以将闲暇时间(自由时间)的概念定义为划出一切必要时间后在一昼夜的全部时间里所剩余的可自由支配的时间,生产劳动不能直接吸收这种时间,而是用在了休息与娱乐上,这也是人们参与休闲体育活动以及接受体育文化最基本的条件。

1.社会性别观念的转变

近代以来,随着女性运动的逐渐深入,妇女得到了越来越多的工作机会,女性在社会上特别是在工作中的贡献逐渐被社会认可,传统家庭性别分工模式也就是所谓的“男主外,女主内”的模式被逐渐打破,女性逐渐脱离了“家庭主妇”的角色,在追求平等的工作机会的同时也追求平等的闲暇时间。社会对女性的角色规定也有一定的变化,目前女性在闲暇时间拥有上的进步也是人们社会性别观念转变的一个成果。

2.社会生产力以及服务业的高度发展

一方面,近年来随着高新技术的发展,简单家务劳动的现代化机器的发明和量产大幅度地降低了家务劳动的手工化程度,使女性突破了家务劳动的局限，增加了大量的闲暇时间；另一方面，家务劳动社会化的程度在迅猛发展的服务业的促进下逐步提高。如今一些大型服务性公司以及企业组织在服务质量、信誉等方面的大幅改善，使得有经济能力的一些家庭中的家务逐步转为“钟点工”“保姆”来做。

3.女性受教育程度的提高

如今，在教育程度上，城市男女已经相差不大，女性受教育程度的普遍提高更加开阔了她们的眼界，使她们形成了广泛的兴趣，也逐渐提高了品位，女性用于提高发展自己爱好兴趣的时间有意识地提高了，避免了无谓的浪费。

（二）参与休闲体育的方式现状

在休闲方式的调查中，本研究以平时、周末、节假日三个时间段内的男女两性的休闲活动为调查对象，并从他们实际和理想的休闲方式两个角度来考察，目的是能够全方位、多层次地了解两性在休闲活动方式选择上的差异性。

1.两性实际生活中休闲方式的选择

（1）平时

①从两性选择的相似性来看，不论男性女性，平时选择外出旅游度假、参观访问的比例都比较小，这主要是因为人们平时的多数时间主要忙于工作、家务，休闲时间零散，没有集中的时间用于外出旅游；另一个相似特征是不论男性、女性，不论地区，人们在平时实际中最主要的休闲方式还是脱离不了“看电视、影视娱乐、上网”一类独大的局面。

②从两性选择的差异性来看，男性比女性更热衷于看电视、影视娱乐、吧式消费、体育健身等，这表明男性休闲方式的社会性和多样化。女性则比男性更喜好逛街、购物和休闲教育，尤其选择逛街、购物的比例要远远高于男性，这印证了女性天生的喜好消费的特点。女性选择休闲教育的比例也略高于男性，这表

明女性更注重生活的质量和情趣，这与女子温柔细腻的性别特征有关。

③两性在平时生活中的休闲方式在总体上没有显著的差别，因为平时生活中人们没有太多的空闲和精力按自己的意愿选择喜爱的休闲方式，只能在现有的条件下通过看电视、上网来放松身心、调节生活。

(2)周末

男女两性在周末休闲方式的选择上较平时有一些变化。男女居民周末实际生活中休闲方式有以下特征：

①两性周末休闲方式变化的相似性。总体来讲，两性周末休闲方式变化的大体趋势相似，都呈现出选择主动的、积极的室外休闲方式的比例大大提高，而被动的、静态的室内休闲方式则明显减少。主要表现在：不论男性还是女性选择外出旅游度假、逛街、购物、参加社会活动等休闲方式的比例明显提高，而室内的影视娱乐的休闲方式选择比例则大幅度降低，他们在周末有较多闲暇时间的条件下，都渴望走出家庭，参加室外的、社会性的休闲活动。这表明两性周末的休闲方式较平时更社会化、多元化。

②两性周末休闲方式的选择也表现出一些差异性。一方面，最明显的特征是女性选择逛街、购物的比例首次超过在家看电视的比例跃居第一位，并远远高于男性，这说明在周末有限的闲暇内，女性比男性更喜欢走出家庭参与更加社会化、消费性的活动。多数女性周末的休闲活动具有强烈的商业化色彩，这与我们传统的家庭分工有关，在多数家庭中总是“丈夫赚钱，妻子花钱”，当然这并不是说妻子就不赚钱，只是日常生活中的消费采购一般都有女主人来承担，另一方面，男性选择体育健身、吧式消费、业余爱好的比例高于女性，这说明男性在周末休闲时间相对充裕时很注重生活的情趣和生活质量的提高。其次，两性

在周末选择休闲方式上有显著差异，从某种意义上说，这是由于传统上两性在家庭中角色分工不同造成的，女性在家庭分工中多从事采购日常生活用品，负责为家人添置衣物等，不过大多数女性也以消费为乐，而男性在经过一周的辛勤工作后是会选择做一些提高生活品位、放松身心的健身、业余爱好等休闲活动。

(3)节假日

从选择总体趋势来看，两性节假日里的休闲活动总体状况基本相似，男性与女性选择的活动方式差别不大，两性在节假日选择的休闲方式比例最大的两类都是旅游度假、看电视影视娱乐。特别是旅游度假占到一半以上的比重，人们在休闲时间允许的情况下更热衷于户外活动，室内的休闲方式的选择比例大幅度下降，休闲方式选择呈现出多元化和社会化的特征。节假日两性休闲方式在总体相似的情况下有一些局部差异性。男性在节假日比较热衷于参观访问、养花草宠物、业余爱好和体育健身，呈现出文化性、静态性，而女性则热衷于逛街购物、社会活动和美容居家，更注重参与性、时尚性和娱乐性。之所以有这样的差别，可能与目前的社会现实有关，如今女性基本上同男性一样参加到社会生产和再生产的活动中来，而传统家庭分工模式即“男主外、女主内”规定了社会性别角色，这样的社会现实使得女性同时肩负着事业与家庭，如若拥有足够的节假日所带来的休闲时间，女性多数有走出家庭的渴望。再加上女性一直是时尚、追逐潮流者，所以女性在节假日活动的选择上更倾向于远离家庭的休闲方式。男性在平日繁重的工作压力下疲于奔命，难得一个长假可以享受家庭的温馨，同时也有时间发展自己的兴趣爱好，以彻底放松身心。

2.两性意愿的休闲方式选择

(1)平时

①从总体上来看，两性平时意愿的休闲方式选择呈现出明

显的多样化趋势。与平时实际中的休闲方式相比,不论男性还是女性,对看电视和影视娱乐等居家休闲方式的选择比例都比平时有大幅度的下降,而业余爱好、休闲教育等发展型的休闲方式选择比例都明显提升,这充分表明了两性在平时有限的闲暇时间内也希望追求多元化、深层次、发展型的休闲方式。同时,值得注意的是,女性平时意愿的休闲方式逛街、购物所占的比例并不高,这似乎可以说明逛街购物饮食并不完全是女性"本意",这种逛商场购物消费也许很大程度上是出于履行家庭责任的需要。从性别差异来看,男性在参观访问、吧式消费和业余爱好方面的选择比例略比女性高,而女性更希望平时有较多的闲暇养护花草宠物、美容居家和进行休闲教育,进一步突现了男性平时注重发展型、自娱自乐型的休闲方式,而女性则更喜欢娱乐型的休闲方式。

②两性平时意愿中的休闲方式基本相似,没有显著的差异性,因为人们都希望平时休闲生活丰富多彩,生活中极需要放松身心、消除工作的疲劳,同时两性也都意识到在这个终身学习型的社会中,竞争异常激烈,需要不断地发展自我、充实自己才不至于落伍。

(2)周末

两性都希望拥有多姿多彩的周末休闲生活,人们既希望周末有时间在家看看电视、种花养鱼,发展自己的业余爱好,也希望能利用周末两天不算短的闲暇时间走出家门,到周边近郊游憩以解除生活的压力和工作的疲惫。还有另外一个突出特点是两性在周末都非常希望参与一些能够修身养性的休闲教育,这表明两性都具有较成熟的休闲价值观。从统计结果中也可以看到两性意愿的周末休闲方式略有不同。一方面,男性在周末更愿意走出家门短途郊游或者参观访问,男性这两项的选择比例比女性要高,这也许是男性在休闲中更趋向于开放性和知识性。

另一方面，在选择周末逛街购物以及美容居家的人数比例上女性要远大于男性，一项有关中国女性的消费观念调查在北京、广州、上海等地方展开，而结果表明，77.3%的被访女性负责购买各种日常必需品，这也许是因为女性对家庭的日常消费有较大的决策权，周末经常出入各种购物场所既是一种休闲，同时也是负起家庭的一部分责任的表现。另外，女性对美容、健身的追求也在周末意愿的休闲方式中凸显出来。

从两性意愿的节假日休闲方式选择的统计结果来看，呈现出明显的旅游度假"一类独大"的局面，男性选择在节假日外出旅游的比例在70%以上，而女性选择的比例更是达到将近80%，这足以说明旅游意识已经深入人心，旅游度假已经成为人们生活中不可缺的一部分。节假日实际的休闲方式与意愿中的休闲方式相比，可以看出人们在节假日外出旅游度假的潜能有待于深入挖掘，这就需要旅游企业界进行深入的研究，弄清楚阻碍人们出行的原因，是旅游资源吸引力不够抑或配套设施跟不上，只有找到真正原因并从根本上解决人们外出旅游的障碍，人们的需求才能得以满足，旅游业才能蓬勃发展，达到双赢的效果，这也是当今和谐社会以人为本的要求。除了节假日外出旅游以外，一些男性还希望能够在闲暇比较充裕的情况下参观访问一些博物馆和名人故居以及发展自己的业余爱好等。在其他，方面男女选择比例差别不大。

（三）女性参与休闲体育的影响因素分析

影响因素是指影响两性休闲方式选择倾向的主体性因素和客体性因素的总合。这些影响可以分为五个类别：本身休闲方式的性质因素、休闲设施以及休闲服务因素、个人身心健康因素、个人社会经济因素与社会群体的支持因素。本书以这五大类因素为基本框架，在每项因素下细化出了五大类共19项评判指标。

第一类:休闲方式本身的性质因素。这是指休闲方式本身具有的特点,是对休闲活动内在的性质和内容的概括,通过以下细分指标来体现:休闲方式的趣味性、娱乐性、健身性、时尚性、知识性和易参与性。

第二类:休闲设施与休闲服务因素。这是指人们休闲活动得以进行所依赖的外部客观条件,主要是对休闲活动的载体及其管理、服务、产品宣传的概括。主要的指标有休闲设施质量、休闲服务水平、休闲产品推荐与宣传、休闲场所管理水平以及居住地与休闲场所的距离。

第三类:个人健康与心理因素。这是对休闲活动参与主体自身身体素质和个性偏好的概括,主要包括身体健康状况、个人心情和个人兴趣爱好三类指标。

第四类:个人社会经济因素。知识对休闲活动参与主体客观上被限制因素的概括,具体通过个人经济收入水平、个人闲暇时间和休闲花费三个因素来概括。

第五类:社会群体支持因素。这是对休闲活动参与主体在参与休闲方式的过程中得到的周围环境的支持性因素的概括。主要包括周围人参与休闲活动的状况和家人朋友对本人参与休闲活动的支持两种因素。

这五类共 19 项因素从各个方面探讨影响两性休闲活动的诸多因素。其中,休闲方式本身的性质和休闲设施与服务属于影响休闲方式选择的客体因素,它从客观上影响着人们参与休闲方式的频度和活动的范围。而影响选择休闲方式的主体性因素有个人健康心理因素、个人社会经济因素以及社会群体的支持性因素,从主观上影响着人们选择什么样的休闲方式、休闲消费的档次和获得的愉悦程度。再具体来分,前两项是参与主体的身体素质、个人兴趣爱好和经济条件,从参与者的角度来讲属于内因,从根本上影响着人们的参与度,而社会的支持因素属于外因，在一定程度上会促进或阻碍人们参与某种休闲活动，也是不可忽视的重要因素之一。

为什么会出现上述现象呢？首先，要了解限制女性休闲的几个有关因素，然后，我们可以从影响女性休闲产生的角度进行深层次的女性社会化过程以及传统社会制度的原因分析。

1. 休闲限制

西方学者从 20 世纪 80 年代开始提出："休闲限制"这一概念。把对休闲活动会产生不利影响的任何因素，在人们休闲偏好的形成上有阻碍作用以及实现休闲参与的因素，对活动频率、强度与持续性有反作用的因素，以及对休闲活动的质量与满意程度有降低作用的因素定义为休闲限制。克劳福在 1987 年提出了休闲限制模式，修改后，完整的休闲限制模式最终形成。

(1)内在限制

内在限制会对女性选择休闲方式产生影响，那些阻碍个人休闲偏好形成以及使个人对某种休闲活动兴趣下降的因素称为"内在限制"。

(2)自我观念

女性休闲活动的方式在选择上一定程度受自我观念的影响。如果女性觉得自己在舞蹈基础、唱歌天赋上欠缺，那么在休闲活动的选择上，首先排除这些活动。一些女性忽视了自己的休闲权利，或认为独自参加休闲活动是一种自私的做法，这些观念对女性休闲偏好都会产生影响。

(3)性别角色

性别角色是由于性别的不同而导致的不同的人格特征、社会态度与社会行为模式。其实，不同性别反映出不同的社会期待正是性别角色的本质。成长过程中的女性，始终要接受这样的教导：在价值观与行为模式上符合社会对女性提出的有关要求。以前，社会普遍不认同女性参与那些激烈的、危险系数高的以及有损淑女形象的活动，因而许多女性对那些运动量大且偏重力量的运动不感兴趣，例如篮球、足球，而偏好于强调体态以及外表的活动，如舞蹈、瑜伽、健身操等。对家庭，已婚女性认为自己负有家庭责任，因而主要选择配合家庭成员的休闲，主要的活动方式与选择是陪伴家人，而休闲活动中自己作为主角的较少。

(4)性格

女性休闲偏好形成也受性格影响。女性中性格内向的一般喜欢安静，与陌生人的交往往往表现出不自在甚至害怕，所以有关社会交往的休闲活动以及体育运动参加得就比较少。开放交际型休闲活动受到性格外向的女性喜爱，此类女性在书画赏析、看书读报等较安静休闲活动的选择上受到影响。

(5)个人经历

休闲限制一般受女性过去的休闲经历影响。如一个女性在滑雪运动或球类运动中因此受伤，这样的经历将会影响她今后对该运动的选择。干扰性因素是指如因没有同伴陪同而取消的某项活动的因素。女性参与休闲活动受人际限制的影响较为明显，在许多户外休闲活动中，如运动、逛街，偏好结伴而行。这样的现象一定程度上受她们从小所受教育的影响，如在学校中的集体主义思想，在家里父母考虑到人身安全问题总是嘱咐女儿不要单独外出活动等等。另外，女性相对较强依赖性也起到一定的作用。许多女性从事某项运动时，独自一人时不容易坚持，但在同伴的互相勉励下，就能够坚持下去。这也说明了女性缺少同伴时，会降低休闲的热情，这个障碍如若不能克服，就很可能影响对这样的休闲活动的参与。

2.女性休闲差距的理论分析

(1)人际限制

在家庭中得到家庭成员的支持与否也是人际限制在女性参

与休闲活动方面影响的表现。如果女性参加某项休闲活动没有得到家庭成员的赞成，甚至与家庭休闲活动刚好相冲突，女性一般会选择放弃自己所偏好的休闲活动。当然，在阻碍休闲的因素中，单位的人际限制也有可能对女性参与者产生影响。

(2)结构限制

结构限制是指与他人无关的那些干预性因素，它在个体休闲愿望转化为休闲参与过程中起阻碍作用，矛盾主要体现在某项活动的兴趣与实际参与之间，如在金钱、时间、活动设施上的缺乏。

(3)在社会化过程中传统社会对女性角色的定位

与男性相比，女性在生理特征、经济资源、教育过程以及各种其他权力关系等方面，都存在着较多的差异和不平等。在两性的差异和不平等上，生理上的区别显然不能完全解释。在社会化过程中，女性也在传统社会提供给的性别角色模式下不断塑造自我，在这一过程中，性别差异明显表现在女性休闲上。同时，在社会文化的极大影响下，有了历史性的、社会建构的产物。社会化是指人们在与自己有关的角色行为和文化上的学习过程，依据社会角度，使个人纳入到有组织的社会生活。社会化在个人看来就是自我获得的过程，在与他人互动中，由于接触的思想论述不同进而产生不同的价值观以及身份认同。在社会化完成过程中，性别角色逐步形成是在不断互动中，个体和社会系统中的人所产生的结果。个人在社会系统中将取舍于社会的角色期望与自身需求之间，所以在人的一生当中，性别认同将不断地发生变化。在自我的认同上，人们不断地进行调整和重建，进而形成自我。由于我国深厚的传统历史文化，一个较为固定的甚至是僵化的规定一直束缚着女性角色的社会化过程。在两千多年封建集权的制度下，主要的社会形态一直是父权社会，在这样的社会中，表现出两个方面的女性性别期待：一方面，在女性的外在表现与行为模式上，传统文化中的规定较为严格。早在《礼记·曲礼》中，就要求女性："听于无声，视于无形，不登高，不临深，不苟訾，不苟笑""立必正方，不倾听，毋噭应，毋淫视，毋怠荒。"在随后的历史发展中，由董仲舒主张的"三纲"、班昭的《女诫》七篇和"四德"等都在很大程度上影响着女性角色的形成。在社会文化影响下，文静、雅致、柔顺和服一直都是女性角色限制的特点所在。周敦颐在《太极图说》中描绘道："故男性应刚，女性应柔。阴卑不得自专，就阳而成之。"另一方面，角色范围在女性中往往都局限在了家庭之中。《周易·家人》有道："女正位乎内，男正位乎外。"

绝大多数女性在传统社会中基本缺少外出工作的权利，其生活的全部几乎被家庭生活所占据，故而在这样的传统社会影响下，在家庭生活中发挥作用的大小是对女性的工作认可与否的主要标准。中国的女性在这种环境下不仅经济地位基本丧失，而且被迫陷入了一种终生的家庭劳作当中。男性与女性的社会角色在这种传统社会的影响下产生了巨大的差异。运动、竞争、强壮、客观、理性、独立主动、不易受他人左右、专业、有野心等性格特点被认为应该属于男性角色，而温柔、依赖、母性、无运动细胞、敏感、被动、优柔寡断、情绪化的、需要照顾等性格特点就成为了女性角色应该具备的。在这种社会教育背景下，男性要求事业上的成功、压抑感情、不屈不挠，对女性则是要求顺从忍耐，母职天赋也就自然地属于了女性。在传统社会的成长中，在女性身上无形中加诸了这样的一些观念。

如今的社会环境，关于女性解放的呼声越来越高，传统父权制的影响在今天的社会中对女性角色的作用是否越来越小了呢？然而现实情况似乎不容乐观。根据我国现实情况，有两个明显的特点在女性解放过程中表现了出来。第一点是对男性角色的依赖。虽然越来越多的女性在经济上取得了一定程度的独立，但就整体而言，传统文化对女性心理的影响依然存在，一定程度上依赖于男性，如越来越多的女性在婚姻上认为嫁个好男人谋求自己发展是一条享受高质量生活的捷径。另外，家庭生活中的女性一般需要在照顾家庭、辅佐男性的事业方面付出较多，也就不可避免地牺牲了自己的个性。第二点是依赖于社会。社会政策的导向作用一定程度上决定着中国女性的解放进程。“男女平等”更多体现出来的是政策规定上的意义，而不是女性平等意识由自发到自觉的过程。多半的女性存在着在自我认同上等待的心理，即对社会的帮助产生被动等待的心理，完善自己角色的主动性较差。这两方面的影响，使得女性在自己的角色定位上缺失了足够的自主意识，传统父权社会影响女性角色的因素，直至今日依然存在。由于这些因素的影响，女性角色的定位主要体现在如下几个方面：

①女性的最主要特质——柔性、温柔顺从是女性个体行为应该具有的，文静与内敛应是其个性表现的主要方面，尤其是面对男性时所要表现的依赖性。

②家庭是女性主要事业所在，女性的美德依然体现在相夫教子与持家有道上。在评价女性成功上，和谐家庭是最重要的标准。女性在社会角色上有冲突问题时，应根据家庭角色来对自己的行为进行抉择。从某种意义上说，在成功男人背后无私地奉献才是社会对于女性角色期待的要点所在。

③相对的弱势与从属是女性角色在社会中所处的地位，她们一方面需要来自社会的特殊同情，另一方面不会主动要求改变，只是更多地服从于社会要求。

由于上述社会因素的影响，女性休闲在社会化过程中受到阻碍也就不可避免了。

(4)传统社会制度对女性休闲的影响

在社会化中，女性性别角色自我认同的变化与其所从事的休闲运动具有密不可分的关系。性别角色认同初期一般是在幼年。幼年时,一些群体性游戏较受女孩子喜欢,她们从游戏中的角色学会了怎么去关心与爱护他人,如护士、母亲等角色。这种特定的游戏强化了女性传统的女性特质,客观上凸显了男性的特点。到了孩童时期,女生与男生的休闲活动就因为社会种种的因素而有了明显的区别。这些因素包括了社会结构、学校教育、媒体资讯……在这个时期的游戏中,继续强化着男女的差异,她们所扮演的角色特质与期望的生活相结合,促成了自我角色的认知。青春期是形成个人认同的重要时期,也是个人认同形成的重要分水岭。在青春期后期建立身份认同主要也是如此,休闲能够协助身份认同的形成,特别是对性别的认同。由于在女性角色上传统社会具有特别的要求,那么这也必将影响到其休闲活动,而现代化女性生活方式又势必与这些影响发生冲突,进而构成了对女性休闲的障碍作用。男性在传统社会中社会地位较高,而女性在形成性别认同中,也会自然地接受了这样的社会现实(男性处于优势),故而可知,当传统主义主张的观念被女性所接受时,那种压迫的感受就很难在自我意识中体会到了,感觉不到不公平,对家庭所付出的一切,以各种行为在社会预期中就变成了天经地义。

①传统社会对女性休闲理念的影响

有人认为工作以外的自由时间就是休闲。在社会变迁中,现代女性需要扮演的角色(如外出工作、做家务、照顾孩子等)越来越多,这些工作一般都需要一整天的时间。未婚的女性在社会所期待温柔孝顺的环境下,或顾虑到个人安全而使自由支配的时间不可避免地减少。

有人认为活动就是休闲的定义,但对女性的休闲活动印象却是较为刻板,即那种静态的、室内的、文艺的以及家庭为主的活动被视作较为符合女性的形象。本书采用了休闲学专家杰夫瑞·戈比对休闲的定义:“休闲是从文化环境和物质环境的外在压力中解脱出来的一种相对自由的生活，它使个体能够以自己所喜爱的，本能地感到有价值的方式，在内心之爱的驱动下行动，并为信仰提供一个基础。”许多研究表明，在传统社会制度下女性休闲受到了种种的不公平与束缚，且相比与男性，休闲时间与空间上女性也较少，物质资源较为缺乏，接近休闲设施的次数也较少，受到的意识形态与人际关系方面的限制也较多。

而结果却与上述有关休闲概念相悖，这也说明了一直以来的主流研究、主流思潮对女性角色的边缘化，有必要对女性休闲有关的经验阐述来重新诠释。传统经验不但忽视了女性休闲，且使人们对女性休闲的印象一直都是刻板的，甚至认为女性不需要休闲活动。单面向、静态的、没有变化的休闲活动被定义为女性休闲，家务劳动等被认为是她们的义务，加上由于要照顾家人的生活待，女性自身喜爱的休闲活动渐渐隐藏了，她们把家人的休闲活动作为自己的休闲活动，久而久之，自然就缺乏参与休闲活动的技能、信心，进而失去了兴趣，最后连自己的休闲权利也忘记了。

②传统社会对女性休闲形式上的影响

影响女性休闲的因素中，社会性别歧视与传统思想束缚是最严重的方面。一些具有挑战性、冒险性并且可以锻炼意志的休闲活动在社会对女性的社会性别角色与他人对女性休闲价值的认同的影响下渐渐被边缘化了。参加蹦极、滑翔、攀岩等休闲活动在社会上被认为是有损女性气质的行为，女性角色不应该表现。在传统上，舞蹈、健美操、音乐、工艺制作等比较文雅、文静的休闲活动是比较适合女性参加的。由于社会对结婚后的女性期待的是贤妻良母的形象，又因为女性要承担家务与单位的工作，休闲时间对于女性来说普遍缺乏。狭小的家庭活动是女性休闲的主要内容，女性在伦理关怀的“绑架”下，休闲机会总是让给了其他家人，进而牺牲自己的休闲机会被女性自己视作了一种美德。尤其是那些需要大量的时间投入、金钱花费多的休闲更是在“牺牲休闲美德”的作用下变得遥不可及,认为照顾家人、节省自己对她们来说才是最重要的。故而那些技艺要求较高、需要培训的休闲活动,女性涉及的很少,男性占据了大多数。另外,女性的休闲受自我认识、休闲认知、文化水平、经济收入、居住等条件的影响也较大。

3.关于促进女性休闲体育的思考

(1)宏观层面

现代政府作为信用政府、责任政府、服务政府,肩负着提高人民生活水平、保障社会良性运营、促进经济繁荣、提供公共基础设施和服务等责任,在提高女性居民休闲生活质量方面也重任在身,主要有以下几点:

①建设现代城市的休闲娱乐体系

第一,制定合理的休闲产业规划,并贯彻执行相应的休闲产业政策。根据经济发展的全球趋势,休闲时代已经陆续进入了发达国家,发展中国家也将慢慢跨入这样的时代,在各国的经济增长中,休闲经济逐步成为重要的引擎。随着休闲时代的到来,应运而生了相关的休闲产业,这是新的产业形态,其发展不可能完全符合经济规律发展的要求,必须制定相应的政策与制度来加以规范。而在休闲产业发展过程中,政府正是扮演着管理和协调的角色。政府的政策与制度需要在宏观层面上加速促进休闲产业资源的优化配置,促进市场机制和市场结构的完善,促进休闲产业布局的合理化,促进产业核心竞争力的形成,进而从整体上维护休闲产业发展所必需的良好市场秩序和社会环境。

第二,政府应对休闲产业进行统筹规划,合理布局,构筑城市的休闲娱乐体系。一方面,政府主管部门应在宏观上指导休闲产业充分整合各种资源要素,促使形成完整成熟的休闲产业链,对其扶持、引导并加强监督管理;另一方面,在城市化进程中，政府要考虑到市民休闲娱乐的需要，在城市的总体规划上形成以中央游憩区为核心的多级、多层休闲娱乐空间结构布局，特别是对城市大尺度空间和社区中小尺度空间的休闲娱乐设施的布局进行总体规划和合理配置，形成系统的现代城市休闲娱乐空间体系。

②先进社会性别文化的构建使女性的休闲生活方式走向科学化

第一，平等型的性别文化是先进的性别文化应该具有的，所谓“先进”，应该是适应于社会发展的，对性别平等、和谐发展有促进作用的文化。在先进性别文化与促进人自由发展的氛围营造上，政府是责无旁贷的。男女平等的基本国策必须贯彻落实；使女性的合法权益有所保障，尤其要实施提高女性收入的经济措施，为下岗女工创造更多的就业机会，在经济上使男女收入趋于平衡；新型的性别角色规范应该尽快创立并广泛宣传，社会对女性的刻板成见以及在男女两性角色期待与价值评价上的差异应被改善。只有这样才能促进对女性主体意识的觉醒，进而激发其社会责任感，改变观念，意识到在休闲权利上应与男性具有同等的地位。

第二，根据发达国家现有实践经验看来，在人们日常生活中，当休闲娱乐逐步成为不可或缺的部分时，创造更好社会环境的责任就必然要政府承担。休闲生活质量的提升与城市休闲文明的进步并非来自于城镇居民的自发行动，而是需要政府从宏观层面上大力倡导，推动的健康、科学、文明的现代休闲方式。政府应当将居民休闲方式作为社会公共活动和发展经济的重要考察指标，建立人文 GDP 的指标体系。

(2)微观层面

①培养积极向上的休闲观

高境界的休闲并非一定通过高消费的吃喝玩乐来实现，内心的恬淡悠然更需要长时间的文化修养的积累。积极向上的休闲观的树立,获得高质量休闲生活,关键在于良好的心态。而且,必要的休闲技能、休闲鉴赏力的培养,休闲技巧的掌握等,都是人们用自己的方式度过休闲时光的必要条件,而培养这些休闲素质需要居民日常积累休闲理论知识,充实休闲文化知识才能实现。从调查结果来看,一些女性平时看电视和周末逛街购物的休闲生活模式极为常见,这既反映了她们休闲生活的单调、枯燥,也从一个侧面折射出其文化素养不高、休闲技能较低,无法参与到更丰富、更有情趣、更高雅的休闲活动中去。要改善这种局面,一方面要努力提高自己的科学文化水平,另一方面要注意培养自己的兴趣爱好,不断充实自己,完善自己,从而提高自身休闲生活的质量。

②培养合理有效利用休闲时间的价值观

从根本上来讲,休闲就是完全个性化,自由是休闲的本质。由于人们素质不同,拥有闲暇时间的多少也不同,因而在休闲生活品位与质量的表现上也不尽相同。休闲生活对人所产生的影响是复杂的,这是由休闲文化环境的复杂性与休闲活动的丰富性所决定的。人的活动方式可以是科学、健康而又多彩多姿的,度过休闲时光的方式可以是促进身心全面发展的、有益于社会文化进步的积极休闲活动,当然也可能是低级庸俗的、对个人与社会无益的消极休闲活动。因此,正确的定位对人们来说是必要的,女性要培养积极的休闲观念,尤其要抛弃“休闲负罪感”这样的极端观念,休闲的权利不管对于女性还是男性都应当是平等的,充裕的休闲时间应该得到合理、科学的利用。女性要充分挖掘潜能,参与到各种提高性的休闲活动中,在享受轻松愉快的休闲活动的同时获得知识,以发挥休闲的最大效能。

第五章　休闲时代下休闲体育高校化发展

第一节　高校开展休闲体育的理性分析

一、高校开展休闲体育的动力分析

据相关调查表明，国内大学生体质状况不容乐观，耐力、跳跃力、心肺功能、肢体柔韧性及心理抗压能力等指标均较过去下滑明显，近视率居高不下，超体重肥胖学生比率不断升高。表面上来看，大学生体质下降只是身体方面的原因，其实这也从一定程度上反映了当代学生健身休闲方面存在着很大的问题，有着明显的缺失。素质教育的实施，使得学生在学校以外的、课程以外的时间逐渐增加，这就为大学生提供了充足的时间去进行休闲体育健身锻炼。然而大学生的休闲时间，大都并未好好地利用，而是浪费在电视、网络、游戏等并没有实际健身运动价值的活动上，这些都极大地影响、损害着青少年的身心健康发展。这一情况使得学生课余时间的增多与学生良好地进行有益休闲能力水平低之间的矛盾日益突出，缓解矛盾的需要日益迫切。这一极具普遍性的教育乃至社会难题正受到社会各阶层的广泛重视，而休闲体育作为一种解决这一深化素质教育中出现问题的方法，有着独特的教育和社会价值。因此，体育休闲更应该切实发挥其在提升学生身体健康水平、促进身心和谐发展等方面的功能。从这个意义上来讲，我们不能只是将休闲体育当作一种单纯的娱乐活动，而应将其视为一种包含自我培养、自我提升、自我教育的方法。它不仅使运动者学习运动的方式方法、提高身体机能、培养与他人交往的能力，还能够使运动者加强自信，学会团结协作以及养成竞争意识等。休闲体育在拓宽学生生活空间、充实生活内容的同时还可以带来很好的德育效果，并正在以其实践性、直观性和丰富多彩的形式成为新时期加强青少年思想道德建设的良好形式和宣传社会主义荣辱观的良好载体。休闲体育一方面能促使学生走出教室、亲近大自然、开展户外运动、强身健体，另一方面能够提供一个轻松、融洽、快乐、高效的人际交往平台。学生之间交往更加多元，使得他们在运动中可以相互鼓舞、愉快交流，对于建立一个积极向上的的人际交往圈，提升大学生适应环境的能力具有非常重要的意义。

在当代大的社会环境的熏陶下，休闲体育在高校中开展，也有其独特的优势，下面就高校开展休闲体育的动力因素分析如下：

（一）社会环境的促进力

伴随着大工业化生产和人工智能技术的发展，人们很大程度上得以从繁重的体力劳动中得到解放。在我国，一方面，一周工作 40 小时制度的推行以及假期的调整使得人们工作时间减少，因此人们就可以有更加充足的时间参加休闲体育运动。另一方面，家用电器设备逐渐智能化，取代了以往繁重的人力劳动，使得人们用在家庭劳务方面的时间缩短。在休息、放松、娱乐的时间增多的情况下，更多人开始思考面对这种情况究竟该做些什么来消遣时间的问题。这时候，休闲体育应运而生，解决了人们的这一大难题。可以说，休闲体育是时代发展的必然结果。经过长期实践与探究，人们已经了解到休闲体育可以缓解头脑疲惫、强身健体，使得人们能够以饱满的热情再次投入到生活与工作中。于是，越来越多的城乡居民开始投入到各种体育活动中去，使得休闲体育的地位不断得以提高，休闲体育文化逐步形成。目前，休闲体育不仅成为人们消磨休息时间的重要选择，亦成为衡量一国体育水平的重要标尺。高校大学生虽仍身在象牙塔，但很快就会走上工作岗位成为一线工作者，因此，尽快加入休闲体育锻炼的大军中来对他们来说很有好处。目前，在社会大环境的影响下，高校大学生积极参与到休闲体育活动中，将来走上工作岗位后也将能更快地融入休闲体育活动中去，对他们未来的发展将会产生很大的促进作用。

（二）课程改革的推动力

当下，高校体育课程改革已由过去狭窄、片面的教学改革转向整体、综合的课程改革，可谓进入攻坚期和深水区。高校课程设计正向课堂内外协同、整体结构优化的趋向转变，而教学内容则体现出多元化、趣味化的新气象。但在体育课程改革的过程中，大部分的高校面临着体育课程资源不充分、教学内容陈旧和单一等问题。随着体育课程改革的进一步深入，休闲体育会在高校中得到较大发展。究其原因：一是大学生参与休闲体育符合高校体育“终身体育”和“健康第一”的指导理念；二是可以延长、拓宽体育教学的时间与空间，有效地缓解体育资源匮乏的问题。因此，今后在设计体育课程内容时，除了改造传统项目、打磨现有项目、培育新兴项目外，还应该充分将多种多样的休闲体育项目纳入教学轨道，丰富教学内容，使得学生和老师都受益，实现学生与教师的双赢。

（三）思想观念的驱动力

休闲体育作为一种新兴的健康休闲方式已经得到人们的广泛认可，甚至有学者指出我们已然进入一个休闲时代。社会上的认同及各领域人群的普遍参与使得高校体育教育的思想观念也随之发生了改变。调查结果显示:无论是授课教师还是学校管理层,都认为在学校开展休闲体育教学体现了终身体育的指导思想,可以培养学生的综合素养,有益学生身心健康。在他们看来,让学生主动地用健康的运动方式参加休闲活动,有利于转变过去教学实践中强制性、灌输性的教学方式,促使狭窄的学院式教学向更加多层次、宽领域的体育教育过渡。这种转变不仅可加速课堂体育教学变革,而且可以在很大程度上使全社会的要求得到满足。因此,在高校开展休闲体育是必要的,是符合社会发展需求和体育发展大趋势的。思想上积极转变,可为下一步课程改革奠定基础,也是不可或缺的推动力之源。

(四)学生需求的源动力

体育需求是运动者参加活动的动力,是形成健康的运动方法的先决条件,它对学生锻炼的项目和强度具有重要影响。我们采取随机分层抽样的办法对此进行了更系统的研究。从被调查者进行休闲体育锻炼的动因看,主要有寻求刺激、休息娱乐、技能培养、突破自我等。而在学生参与项目这一点上,攀岩、野外求生、定向运动、单车越野、垂钓等运动项目是他们的优先选择,其次是在户外开展一些熟悉的竞技体育项目。学生希望有一个轻松、快乐的氛围来锻炼、提高、放松自我,收获运动的喜悦。由此我们认为,休闲体育是符合当代大学生的运动需求的。

二、高校开展休闲体育的阻力分析

(一)组织管理的缺位或错位

体育组织管理形式对学生参加体育活动的热情和动力具有直接的影响,能或显或隐地对休闲体育的开展起到推动或阻碍作用。调查显示,现在北京市高等院校对学生体育社团和相关机构的管理主要有缺位和错位两种问题。缺位指的是学校未设置休闲体育管理部门，缺少权责明确的管理者，也没有制订合理的制度进行管理；而错位则具体表现在一些社团或课外体育俱乐部与教学部门不存在隶属关系，而是属学工部或是团委管理。从组织者与参与者来看，管理组织松懈，主要依靠学生兴趣与简单选拔为主，能参与的还是各院具有体育专长的学生。内容和形式方面，主题比较单一，活动项目比较陈旧，缺乏整体性，缺乏技术支持及后续的成果反馈。这说明学校还没有真正有组织、有计划地安排休闲体育活动，在组织管理方面存在许多不足。

（二）价值观念的认识偏差

目前，虽然中国的各大高校参与休闲体育的学生对此表现出较高的兴趣，活动需求相对强劲，但他们多倾向上网去打发闲暇时间，而用休闲体育来放松身心、强身健体的学生并不是非常多。分析造成这种情况的原因，主要是大学生对于体育的价值认知还存在严重不足或误解。我国体育教育长期以来仍没有摆脱传统应试教育的方式，上课主要是教授学生各种体育技能，而很多学生参加体育活动的目的也仅仅是为了通过考试或修满学校要求的学分。因此，很多同学并没有将体育休闲活动当成一种休闲方式融入自己的生活，而上网、打游戏、听音乐、看电影等休闲方式则受到更多学生的青睐。本身课业并不轻松的学生即使有了空闲时间也未必愿意参与单纯应付考试的体育活动。因此，学会用一种更加科学理性的观念看待休闲体育并将其视为一种“健康投资”，对改善目前学生休闲体育参与不足的现状具有至关重要的作用。

（三）课程资源的相对匮乏

教师、场地、设施和设备是学校休闲体育活动的基本元素，直接影响到学生参加何种休闲体育活动以及组织活动方式等问题。由于受现阶段有关政策的影响和发展状况的限制，大部分高校的教学条件并不完善，运动场所、设备、教师等资源比较匮乏,软、硬件都受到一定程度的束缚。没有专业人员引导和学校场馆场地不足,极大地打击了学生参与休闲体育的热情,并影响了体育活动的效果,不利于休闲体育在高校的长远发展。

(四)学业就业的双重压力

表面上看,我国高校的大学生不再需要像过去一样用大量时间才能完成学业,有更多的时间自由安排,能够充分享受休息时间。然而,相关调查却显示,学生并没有变得轻松,反而面临着学业与就业的双重压力。一方面,学生在学校不仅要完成教师布置的学习任务,还要参加诸如辅导班、自习课等;另一方面,如今社会竞争激烈,就业压力越来越大,为了毕业后能找到心仪的工作,学生纷纷报名参加各种技能培训,在培训、技能考试中疲于奔命。不仅如此,一些高校采取灵活的专业设置方式,工学结合、校企合作等广受欢迎的办学模式使得学生实习、实训次数逐渐增多。这些实习、实训时间长、任务重,又使得学生的休闲时间大大减少。因此,当代高校大学生看似休闲时间很多的背后,其实承受着学业与就业的双重压力,大学生强烈要求缓解压力,释放自己的身心。

高校开展休闲体育活动,既是深化体育课程改革的客观需要,也是适应社会发展、促进学生身心协调发展的必然选择。目前,高校开展休闲体育有动力,但在组织管理、价值观念、课程资源等方面也有不小的阻力。然而,我们相信,只要合理安排、科学规划,在中国高校发展休闲体育之路一定能越行越远,休闲体育一定能更好地服务于当代大学生。

三、高校开展休闲体育的意义分析

(一)开展休闲体育的一般社会意义分析

1. 休闲体育与健康

随着城市生产自动化的推进,人们的休闲时间增加,家庭劳务日益社会化，人们越来越多地摄入高脂肪、高热量饮食，这些虽然带来空前的方便，但也造成了各种都市“文明病”，损害着城市人群的身心健康。另外，快节奏的城市生活、越来越大的工作和人际交往压力对人们的身心健康也造成了不利影响。人们参与休闲运动的渴望更加强烈，追求休闲体育的需求更加迫切。人们对健康的认识有了新的要求，健康应是身体健康、心理健康和社会健康三位一体的三维健康。自诞生之日起，休闲体育便与各种各样有趣、健康的体育活动方式紧密联结在一起，例如远足、爬山、垂钓、慢跑、健身等。人的身体充满活力的同时，精神也会得到恢复，压抑、紧张的心理状态会得到缓解。休闲体育既满足了人们休闲、休息的需要，又改善了人们的身心状态。而休闲体育作为一种健康、合理、有效的休闲方式，能够提高人们的生活质量，改善人们的体质，有助于解决亚健康等问题，使人们释放社会压力，受到越来越多的人的青睐。休闲体育的功能是使身心和谐统一。所谓身心的和谐统一，就是运动与人的内心相互协调，人们依靠休闲运动产生快乐的情绪，积极情绪又反过来促进健康。通过运动来使人保持好的身体状况，让人有乐观开朗的情绪，是休闲体育的价值所在。任何一种运动，被动参与和主动参加，其产生的结果是截然不同的，进行一项自己不喜欢的运动很难让人从中感受到运动的喜悦，自然毫无参与热情可言，也难以坚持下去，而一旦具有主动性，便能够让人产生愉悦的情绪，并且在这种积极的心理状态下，生理承受能力也能够随之增强。在休闲体育运动中，运动者可以自行安排活动，根据自己的兴趣爱好、交往群体而自由决定活动的内容、形式、时间。由此，休闲体育既能够慰藉人们如弦紧绷的内心，又能使人们的心情处于轻松、快乐的状态，而这种功能使得休闲运动具有持久的生命力。休闲体育不仅满足人体的生理机能的需要，而且能使人获得身心满足、情感愉悦与快乐体验。有研究表明，积极参加各种有益的体育活动可促进如内啡肚、LHD-2 等“快乐素”分泌。这些“快乐素”具有调整人的心情、使人兴奋的作用。休闲体育能够发泄、疏导瘀滞、压抑的情感，使人感到轻松愉快；可以使人产生积极的思维和情感，对压抑、焦躁和迷茫等消极心境具有缓解作用。

2. 休闲体育与娱乐

休闲体育具有竞技体育所不及的娱乐性。它不存在竞技体育那样激烈的对抗性，参加运动的人不需要担负输赢成败的心理压力，因此可以在一定程度上避免因比赛失败而产生的消极情绪。休闲体育自身的娱乐性是其能广泛吸引体育爱好者的根本原因。人们为了缓解过快的工作、生活所带来的精神压力和身体疲惫，喜欢在户外进行趣味盎然的休闲体育活动。这样，人们既可以享受大自然的迷人风景，又能收获休闲体育运动的无限乐趣。如进行远足、泛舟等，可以让人领略湖光山色，感受到一种心胸开阔、轻松愉悦的情感体验；又如夏日里在蓝天碧海间冲浪，可带给人们无以言表的兴奋和刺激。不仅从事休闲体育运动乐趣无穷，而且观赏休闲体育运动亦能带给人们莫大的享受。体育运动往往因其精彩刺激、扣人心弦的特点而吸引着大量观众，甚至观众的情绪比运动员更加高涨，尤其是人们现场目睹运动者有上佳表现时，喝彩叫好仿佛亲身参加运动，这种愉快的音符便很快传递扩散开来，只要你靠近休闲体育活动便会被它深深地吸引。喜悦能给人的身体注入活力，这正是休闲体育运动所具有的迷人魔力。

3. 休闲体育与社会交往

休闲运动不仅是人们休息娱乐、强身健体的手段，也是扩大交际圈、加强交流及结交益友的媒介，能使被城市中的高楼大厦、车水马龙遮掩和阻隔住的心灵有机会重新走向开放和自由，满足人们沟通感情、理解彼此的需要，提升情感凝聚力。休闲体育的种类丰富多彩、随意宜人，人们在自由选择参与自己感兴趣的运动时，可与社会中不同身份、职业、年龄的人聚拢到一起，结交良师益友，拓宽社交圈，增进情感交流，排解空虚寂寞，充实精神生活，容易产生积极开朗、阳光健康的心理状态。另外，在休息时间，借助共同参加体育休闲这个机会，家庭成员聚在一起，不仅有益身心，而且可以丰富家庭精神文化生活，增加家庭欢乐气氛，加强家庭凝聚力，使家庭成员感情更加融洽，促进社会稳定。因而休闲体育在某种意义上成了人与人之间的情感桥梁。

4.有利于倡导社会风气

随着人们休闲时间的增多，休闲生活方式的重要性将凸现出来。对待休闲，人们历来抱持“积极”和“消极”两种看法。若不用高雅健康的、富有情趣的活动来打发时间，或可出现“闲而生危”的状况。参与健康有益的休闲体育运动所体现的就是一种科学、崭新的现代生活方式。它可以使参与者主动远离陈腐、愚昧的不良嗜好，抵制精神鸦片，遏制黄、赌、毒、暴、偷等各种丑陋的社会现象的发生，引领良好的社会风尚，形成稳定和谐的社会秩序。特别是在当代各种疾病增多的情况下，人们更加自觉地反思目前的生活方式，加快了休闲体育运动的发展。

(二)高校开展休闲体育的必要性

“休闲”是现代生活中被不断提到的一个词。对现代大学生来说，除了学习、吃饭、睡觉等生活必要时间之外，可以依照个人意愿自由使用的时间就是休闲时间，大致由三个部分组成：两个连续学习日之间短暂间隙的“八小时之外”；两星期繁忙的工作学习时段间的“双休日”；两学期间的寒暑假。

所谓校园文化，是指地点为校园、主体为学生、内核为校园精神、内容为课外活动的群体文化活动。调查显示，大学生每日空闲时间平均约为四小时左右，这使得他们有比较充足的时间选择活动方式和提升自我，依照需要、爱好充分融入学校文化中去。

1. 开展休闲体育可发挥高校校园文化对社会的文化示范功能

作为一种社会亚文化，包含休闲体育的校园文化不可能变成隔绝于世的"世外桃源"。在汲取社会文化方面，其每时每刻都会受社会风向的影响，尤其是正处于成长阶段、心智还不够成熟的青年大学生，很容易受到各种社会生活暗流的冲击而产生动摇。大学生多多参与休闲体育可以达到澄净内心、培养高雅情趣的目的。体育，作为一种文化形态，具体可表现为一种民族的精神和力量（如中国武术）、一种社会行为（公平竞争、服从裁判）、一种奋发向上、个人积极拼搏成功的价值观（坚韧不拔、吃苦耐劳、自强自律、超越自己），当它融入校园文化之中时，对净化学生的心灵、培养学生的社会主义核心价值观和现代社会意识都将起到潜移默化的作用。与此同时，校园休闲体育还可以培养大学生的竞争意识，对他们将来在市场经济的大潮中立于不败之地产生深远影响。高品位的大学休闲体育可以使校园文化成为社会文化的净化带，成为体现先进文化前进方向的示范区。

2. 开展休闲体育是高等学校全面完成所肩负历史使命的需要

大学是培养和造就高素质的创造性人才的摇篮，是认识未知、探求客观真理、为人类解决面临的重大课题提供科学依据的前站，是知识创新、推动科学技术成果向现实生产力转化的重要力量。这是对新世纪高等教育所肩负的历史使命最精辟的概括。要达到这样高标准的要求，高等院校不仅要推行全面的素质教育，持续深化教育教学改革，而且要大力建设有特色的优秀校园文化。休闲体育为培养和造就高素质的创造性人才提供了一个更为自由的天地，开拓了一个更加开放的空间。新时期、新概念的健康五要素包括社交健康、情绪健康、精神健康、身体健康、智能健康。新时期高等学校将实施全方位的体育教育:身体教育、保健教育、娱乐教育、竞技教育、生活教育。健康五要素道出了身体健康与精神健康的辩证关系,正如著名教育家朱光潜先生曾经讲过的那样:“从锻炼健康的身体中锻炼成健康的精神,这是一条辩证唯物主义的准则。”开展全方位的体育教育,使健康五要素真正在学生中生根发芽,仅靠高校每星期一到两节的体育课远远达不到要求。而且,大部分高校并未给高年级同学开设体育课,这时我们就急需休闲体育发挥主体作用。我们要营造一种积极向上的校园体育的良好氛围,以其强劲的吸引力和渗透性,引导大学生通过休闲体育接受全方位的体育教育,促进社会健康、情绪健康、智能健康、身体健康和精神健康,为他们学会学习、学会生活、学会生存服务。

3.高校开展休闲体育是全面提高人才综合素质的需要

现代教育要培养的人才,应该是具有创新思维、创新品质、创新才干的一代新人。加强休闲体育建设正是提高人才综合素质的必要途径。

首先,人们需要将工作和休息适度结合起来,正所谓“文武之道,一张一弛”,课业空闲积极参加强健体魄、放松身心的休闲体育活动,对学生来说是很有好处的,参加运动后,他们的思维更加敏锐,这对创造力和想象力的开发很有益处。

其次,休闲体育可以满足大学生追新、寻趣、彰显自我的内在要求。因为校园体育有着特有的方式、新奇的信息以及比赛性强、适用性广、吸引力强等特点,在空闲时间相对优裕的环境里,大学生们可以尽情展示自己的技能,其作为运动者的行为方式、气质品格、心智毅力等个性特征均能自觉或不自觉地展现出来,在生理心理得到充分发展、社会意识逐步增强的同时,其追寻真、善、美的渴望也可得到充分的满足。

（三）高校为更好地开展休闲体育应做好的几方面工作

1.校园体育应注意引导学生对体育活动的兴趣，让学生愿意主动参加体育活动

学校应将体育活动的目标、形式等各个方面与学生的身心特点、兴趣爱好结合起来，使学校体育教学成为激发和引导学生兴趣的途径，使学校体育成为促进休闲体育发展的基础。

2.通过对体育教材进行改造增强学生参加休闲体育活动的素养

可将休闲体育中的一些适于课堂教学、操作性强、简便实用、富有生活气息的项目经过适当的修订后引入学校体育教育，实现休闲体育与体育课程的结合。现在，很多休闲体育项目已经进入高校的体育课堂，成为广受学生喜爱的体育课程，例如各种棋类活动。休闲体育和体育课的结合，是现代教育发展和体育理念进步的表现，也是鼓励人们张扬个性、培养积极的兴趣爱好的要求。可以预见，未来将有更多的休闲体育项目被引入校园中。与休闲体育的有机结合将成为体育教学演进的重要趋势。

3.利用好学校在休闲体育推广中的主要渠道作用

传统意义上，学校不具有在校外对学生进行教育的义务，加之学生个人、家庭、社会等其他因素的影响，就造成了校园内外教育衔接不良的问题。因此，改变以往的局面，让学校在校外教育中也能起到应有的作用是值得当下教育部门考虑的问题。

具体到学校教育上来说，就是要最大限度地发挥学校在场馆设施、师资技术、组织动员上的优势，考量学生这一群体的特点，与社区、家庭、社会团体等社会单元相结合，举办种类多、影响广、趣味强的体育竞赛、表演等。学校要为学生的体育休闲活动建立平台、开辟道路，为学生的成长创造良好的环境。

4.加强休闲体育场所的建设

应挖掘社会公共教育机构、场所的校外教育潜能，探索合理、高效的公共教育场所管理模式，积极发挥其社会公益价值。

第二节 休闲体育在高校中的实际发展

一、定向运动

定向运动，又称“定向越野”“识图越野”“野外定向”“定向跑”，要求参与者将地形图和指北针配合使用，依照指定顺序独立找出地形图上事先标注出来的检查点，用时短者获胜。这项运动可以让参加者走入自然，在运动与娱乐的过程中学会一项重要的生存技能。

(一)定向运动的起源和分类

1.定向运动的起源

在我国，人们对定向运动这个体育项目并不熟悉，但其实该运动在欧美国家流行多年，参与活动者需要灵活运用地图和指北针寻找到自己的方位并对地形、方向、目的地等作出判断，然后穿过未知区域到达指定地点，活动内容极具趣味性和挑战性。定向运动能让人充分地与大自然结合，体验与大自然合而为一的感受。

“定向”一词于1886年由一个瑞典人初次使用，意指运用地图、指北针越过未知的区域。若要追本溯源，一个必须提到的地方就是欧洲北部的斯堪的纳维亚半岛了。那里有大片大小不一的湖泊星罗棋布地散落林间，为数不多的几个村庄的居民需要依靠那些散布在林中湖畔的羊肠小径往来，这种环境培养出当地人优于常人的方向感。这就是现代定向运动的雏形。

定向运动最开始时只是一种军队中的训练活动。真正意义上的定向运动发端于 1895 年在瑞典斯德哥尔摩和挪威奥斯陆的军营区举行的一场比赛，作为一种体育运动项目并可以进行比赛的现代意义上的定向运动由此诞生，至今已延续一百多年。1918 年，瑞典斯德哥尔摩的童子军领袖梅吉兰特又创造性地组织了以定向运动为基础的寻宝活动，这也成为当今全球流行的定向运动的基本形式。从那时起，这项运动在北欧广受欢迎，此后，多国相继引入并进行发展，使这项运动风靡世界。

2. 定向运动的分类

(1)按运动工具分类

①徒步定向：如传统定向越野、接力定向、积分定向、夜间定向、五日定向、公园定向等。

②工具定向：如滑雪定向、山地车定向等。

另外，按性别分类，定向运动可分为男子组和女子组；按年龄分类，可分为少儿组、青年组、中年组、老年组等；按技术水平分类，可分为新手组(体验组和家庭组)、高级组和专业组；按参加人数分类，可分为个人单项、个人双项和集体项。

(2)按运动方式或比赛形式分类

①定向越野

定向越野是该项运动中最容易组织开展的一种。由于其比赛的胜负成绩全在于个人的看图、辨图、定向和奔行能力的强弱，因此适合不同年龄、不同性别的人参加。据统计，该项目的参加者年龄范围为 8～80 岁，真可谓老少皆宜。为使比赛更加有趣，也可以采取多种方式评定比赛成绩，如个人跑计个人成绩、个人跑计团体成绩或个人跑计个人与团体成绩等。

定向越野比赛是国际定向运动联合会(以下简称“国际定联”)正式承认的比赛项目之一。

②接力定向

接力定向是需要团队合作取得胜利的一种定向越野比赛项

目，其比赛结果要靠团队中每个队员个人的表现。在接力定向中，组织者将线路划分为若干段（国际比赛多分为四段），团队中每位参赛者各自独立完成其中一段，全部成员完成比赛后将所有成绩相加即为该队总成绩。为方便观众尽可能观赏整个比赛激烈刺激的场面，比赛场地中心需设置“中心”点，各段选手在此以触手的方式进行交接（无需使用接力棒）。接力定向的观赏性强，被国际定联纳入了正式比赛项目。

③滑雪定向

滑雪定向与定向越野赛的区别主要有两点：一是参赛选手需要使用滑雪装置（非机动），二是比赛赛道是由摩托雪橇专门开辟出来的。滑雪定向可以按个人、团体、接力等不同方式进行。在滑雪定向比赛中往往会设置多条路线，选手可以根据自己的情况自由选择。

滑雪定向也是国际定联的正式比赛项目之一。滑雪定向在东欧国家十分流行，许多世界高山、越野和速度滑雪选手同时又是滑雪定向的高手。

④夜间定向

这是一种高难度的比赛方式。其最大的难度在于视度不良，但也正是这一点对观众和选手有强烈的吸引力。夜间定向已被列为国际定联的正式比赛项目。首届世界夜间定向锦标赛于 1986 年 10 月 27～28 日在匈牙利举行。

⑤记分定向

记分定向通常以个人方式进行，其特点是根据比赛区域不同、各异的难易程度、距离等因素设置分值不同的检查点。参赛者在规定时间内自行寻找部分或所有检查点，以积分最高者为优胜。

⑥专线定向

与其他类型定向比赛单纯计算时间或累计积分不同，这种比赛会在给参赛者的地图上提前标示出指定行进路线，运动员需要在按照指定路线行进的同时尽可能准确地将沿途检查点标绘到地图上，最终成绩以检查点位置标示的准确度和所用时间进行评判。

⑦五日定向

这是瑞典独有的一项特别吸引人的比赛项目。比赛为时五日，比赛路线由若干段组成，每段都记录下分段成绩，最后相加算出总成绩。在或长或短几十至上百千米的多条比赛路线中，除设置许多检查点之外，还设有供运动员和观众休息或参加文娱活动的若干营地。近年来，瑞典的五日定向比赛组织得十分频繁，每次来自世界各地的参赛选手均超过15000人，远超任何一届奥运会的参赛人数。

另外，为使群众性定向运动能够蓬勃发展，作为上述活动的预备，国际上还有一些其他的定向运动形式，如校园定向（孩子们在操场或教室、体育馆等学校内部区域进行的定向运动游戏）、特里姆定向（在指定区域内布设一系列永久性的检查点，参赛者无需在指定时间内到达，而是以寻到的点数来换取纪念品）等。在有些国家，人们还常常以家庭为单位进行比赛，并尝试使用不同交通工具的定向运动比赛，例如乘坐摩托车、自行车、独木舟或骑马等。

（二）定向运动的发展概况

1. 国外定向运动的开展情况

自1919年第一次作为运动项目正式举办于斯堪的纳维亚半岛起，定向运动在北欧发展势头迅猛，并以极快的速度发展到全球，并从最开始单一的比赛形式发展成集比赛与娱乐于一体的群众性体育活动。

20世纪30年代，定向运动已在芬兰、挪威、瑞典、丹麦等国家扎根。1932年，首次世界定向运动比赛成功举行。为使定向运动在更大范围内得到认知和发展，1961 年 5 月，十几个国家的定向运动积极分子在丹麦首都哥本哈根成立了国际定向运动联合会，确立了正式的比赛规程并制订了相关规则和规范。国际定向运动联合会成立之初有 10 个成员国，现已增加至 60 余个国家和地区。国际定联是世界定向运动的行政实体，是国际体育联合会总会之一。定向运动也是受到国际承认的奥林匹克运动项目。

定向越野也是国际军事体育理事会的正式比赛项目之一，每次都会有 10 多个军队代表队代表自己的国家同对手一较高低。据 1972～1983 年十年间的相关资料，按每年参加国的数量，定向越野已与篮球等并列，成为国际军体锦标赛的 7 大比赛项目之一。

在瑞典，700 多个定向运动组织遍布全国，每年仅正式的定向比赛就超过 1000 场。瑞典国王是定向运动最坚定的维护者和保护者。众多名商巨贾、政界要员都是定向运动的忠实拥护者和热心参与者。所有瑞典学生及军人被要求必须掌握一定的定向运动能力，这是一门写入法律的必修课程。对许多瑞典人来说，定向运动已成为一种积极阳光的生活方式。

总之，定向运动作为一项能够使人们的体力、毅力、意志品格得到全面发展的新兴体育项目，其在北欧的受欢迎程度甚至已超过了足球；在另外一些国家，定向运动则被列为军队或地方院校的培训课程。

2. 中国定向运动的开展情况

我国开始定向运动较晚，1983 年 3 月，第一次基于国际规则的定向运动比赛在中国人民解放军体育学院举办。同年 7 月，北京测绘学会在召开主题夏令营时也举办了一次定向越野比赛，尽管比赛不很规范，但作为我国青少年定向运动的开端仍值得肯定。那之后，定向运动先后在各军校警校、少年夏令营、原国家体委无线电测向运动队和大学生中推广开来。1991年，中国定向运动委员会成立，目前名为“中国定向运动协会”。1992年，我国正式成为国际定联成员国，从此定向运动正式进入我国群众体育运动的行列。

在关心定向运动的体育、教育部门以及军队系统相关部门和各界热心人士的共同努力下，近年来我国的定向运动事业又有了新的发展，机构得到完善，活动次数增多，举办规模扩大，对外交流更趋广泛，普及程度也日渐提高。1993年，国家体育总局航管中心无线电定向运动部成立。从1994年开始，我国一年一度地举办全国定向运动锦标赛。除此之外，我国还多次组织承办邀请各国运动员参加的国际性友谊赛、邀请赛，并派优秀运动员包括青少年赴外国参加国际定向比赛。1998年，我国还承办了亚太地区定向运动锦标赛。近年来，北京、上海、昆明等地还接待过世界公园定向运动组织主办的公园定向循环赛，使我们有幸在家门口观赏世界顶尖的男女定向运动员的精彩比赛画面。这些说明我国的定向运动已经开始走向世界。

与定向运动之百余年历史以及国际定联逾40年的已经比较成熟的发展状况相比，我国定向运动还处于起步阶段，无论规模还是水平，与先进国家相比还存在着相当大的差距，在定向运动竞赛路线设计技术、定向运动员技能培训、定向地图的设置标准化等方面还存在很多问题，其中以地图制作问题更为突出一些。

(三)定向运动的特点

用八个简单的单词可以很好地概括定向运动的特点，即Elite(精英)、Social(社交)、Environmental(环保)、Inexpensive(大众)、Family(家庭)、Student(学生)、Ethical(道德)和Business(商务)。

1. 定向运动是一种精英体育

定向运动是一项精英体育项目，因为它具有很高的挑战性，要求参加者在未知的环境中充分将大脑思维与身体机能相配合，快速找到任务目标。

2. 定向运动是一种社交体育

定向运动是一项可以广泛结交友人的社交性体育项目，不论男女老少、教育背景、社会身份，都可以一同加入进来，共享其中的乐趣。

3. 定向运动是一种环保体育

定向运动是一项纯天然无污染的体育项目。参与者可以在亲近自然、享受自然的同时，体会到尊重自然、保护自然的重要性。

4. 定向运动是一种大众体育

定向运动是一种运动成本相对低廉的群众性运动。参加者不需要有很特殊的装备，只需要由组织者配发的定向地形图以及指北针就可以顺利享受比赛带来的快乐。服装可以是定向专业套装，也可以穿便装参加，并没有一定的要求。

5. 定向运动是一种家庭体育

活动者可以与家人一道以家庭为单位参加运动，这样全家都可以在大自然中放松身心、寻找快乐，同时，还能使家庭成员之间的关系更加融洽，加深理解，沟通情感。

6. 定向运动是一种学生体育

定向运动是一项学生体育项目。通过参加定向运动，学生们可以培养独立分析、解决问题的能力，增强逻辑思考能力和判断能力。

7. 定向运动是一种道德体育

定向运动比其他运动对体育道德的要求更加严格，除了绝对禁用兴奋剂外，还有“杜绝跟随其他运动员”等规则，确保比赛公平、公正、公开。

8.定向运动是一种商务体育

定向运动具有的时尚、自然、精英的特点，使其隐含着巨大的商务价值。通过举行主题商务定向活动，能够为商业领域人士沟通洽谈、交流信息提供一个极佳的平台。

(四)定向运动在高校学生休闲体育中的价值

1.促进学生生长发育，增强学生体质

大学生是身心发展逐步走向成熟的时期，身体可塑性很强，是强身健体的“黄金时期”。体育运动对于大学生的身心健康，就像阳光、氧气和水对生命一样，是不可或缺的。从这个意义上来讲，每周三两节体育课的运动量是远远不足的。因此，就需要学生多参加休闲体育活动来加以补充。在进行定向运动时，学生想要快速、准确地在户外寻找到地图上所标示的检查点就必须沿正确路线快速行进，这一过程能有效地提升学生的有氧运动能力，锻炼出充沛的体能。

2.健全学生心理，发展学生个性

休闲体育的最大优势是能够起到娱乐和调节身心的双重作用。学生在运动中能够有效排解学习、生活中的不良情绪。休闲体育既并非通常意义上的竞技体育，也不是课堂上讲授的体育课，它具有一些独有的、不同于以上两种体育活动的特性。一方面，它并不是希望借助比赛来追求更高更好的比赛成绩，更高、更快、更强也并非其初衷；另一方面，它不需要听从教师的组织安排，也不要求系统专业的训练，完全是一种兴趣指引下的自发的体育活动。就高校学生来说，如何根据自身特点和条件从各种运动项目中选取符合自己的兴趣特长、身体素质、健康状况的运动并能够将这种运动持之以恒地进行下去，从而在比较长的一段时间里面取得好的锻炼成效，是一个非常重要的问题。而在定向运动中，运动者面对种种陌生情况，充分了解不同时空条件下自身运动规律和支配规律，努力掌握各种技能和能力，一旦寻找到检查点，就会在内心产生巨大的成就感，其价值已经远远超过了健身、娱乐的需要。因此，定向运动是人类文明进步和文化发展过程中创造并逐渐完善起来的一种宝贵的精神财富。

3.完善学生体育个性，奠定终身体育基础

体育个性是指学生在充分培养生理素质、表现心理特征的前提下，在特定社会环境中，通过体育的练习与陶冶，而一点点形成的体育理念、观点及行为习惯。体育练习可以给人们带来成就感、愉悦感和满足感，收获伙伴们的赞许和好评，进而促进个人独特体育个性的发掘和生长。“兴趣是最好的老师”，对体育的兴趣是学生们参与锻炼最强大的推动力。学生休闲体育能够为终身体育锻炼奠基的原因就在于，它能使学生自己对体育锻炼产生浓厚的兴趣并且养成参加体育运动的好习惯，也能使学生掌握终身体育的锻炼方法和运动能力。现代教育将逐步改变过去的一次性学习而转为终身学习，所谓“活到老，学到老”，教育将不再仅仅指学校中课堂上的义务教育和高等教育，它将变成个人自发的终身需求。而且，这种认识将对学校教育理念形成冲击，人们过去那种“学生时期参与，出了校门停止，上了年纪再说”的不当观念也会改变，即体育不应仅仅局限于学校阶段，而是具有超越学生时代的社会价值和人生价值，在人生的任何年龄段都可以通过参加体育锻炼而受益。总之，人们希望在不做工作时身心仍健康充实，生活仍充满意义，体育要为人们的“乐生”提供服务，单纯为谋生服务的教育模式不再适应当代社会的需要。终身体育的思想要与现代化社会对体育的需求密切联系起来，顺应时代发展的趋势，才能取得更大的进步。

(五)定向运动的基本技术

1. 基本定向技术

(1)地图正置及拇指辅行定向法

首先请把地图按位正置，将大拇指放于图上自己的位置。如此，拟前进方向即位于地图前方，能够使人看清四周环境状况和地理要素。行进阶段中，拇指随之移动，一旦行进方向发生变化，地图也要随之转换方位，目的是保持地图始终指向正北方。这样就可以帮助我们在任何时候快速定位，节省时间和体力。

(2)利用指北针定向法

凭借指北针可迅速精准地确定目标方位，每次要向目标位置行进前，可预先观察四周标志物，加深印象，务求快而准地到达目的地。

(3)扶手定向法

利用地理条件或人做特殊引导，使参赛者行进时更有把握，如小路、围栏、溪流、山岳等，皆是有效的扶手。

(4)搜集途中所遇特征定向法

分辨走向控制点过程中所遇到的地理特征，及时修正，时刻确保前进方向正确。一定不要将相似的特征混淆。

(5)利用攻击点定向法

先寻找出控制点周围的代表性特征，然后使用指北针，从攻击点快速地前往控制点。攻击点必须是容易识记的，如电线杆、小路岔口等。

(6)数步测距定向法

先在地图上测出点距，随后依靠我们行走步幅来相对准确地测量行走里程。方法：计算行走 100 米所需步数(设 110 步)，当我们在地图上发觉由 A 点到 B 点的距离是 150 米便可算出应走 165 步。为简化计算步子的过程，我们利用“双步数”，只数一只脚的步子，所得数字乘以二。按照双步数，上面例子中的

100 米应折合为 55 步。

(7)目标偏测定向法

利用指北针前进，把目标偏移，当到达目标的上面或下面时，才沿扶手进入目标。

2. 地图和指北针的运用方法

学会正确运用国际定向地图与指北针的使用方法，是参赛者在比赛中取得成绩必不可少的技能。了解定向地图目的是能够正确地使用定向地图，在还没有熟练掌握定向越野技能的阶段，练习者需要适当选择场地，花时间进行定向地图和指北针训练。以下内容，有些是最基础的内容，要不断练习直到熟练掌握为止，有的则可以根据个人情况先选适当方法进行练习，从而收到循序渐进、举一反三的效果。

(1)标定地图

标定地图的目的是为统一地图方位与所在地方位，这是运用定向地图的首要前提。

概略标定：定向地图与我们平常使用地图的方位指示相同，即上北下南左西右东。当我们在所在地弄清楚方向以后，只要将地图的上方与所在地北面相对应，即可标定地图。这种简单快捷的方法最常被用于定向越野比赛。

磁北线(又称“MN 线”)标定：将指北针的红色定向箭头指向地图上方，再将箭头两侧的横线与图中的磁北线保持平行，随后旋转调整地图位置，使指北针箭头正对磁北方向，地图即告标定。

直长标志物标定：利用直长标志物(如道路、土丘、坑洼、电线等)标定地图。首先在地图上寻找到直长标志物，再查看周围两侧地形，大致上使所在地地形点与定向地图位置吻合，调整地图，使图上的直长标志物与所在地的直长标志物方向相同，地图即告标定。

利用明显地形点标定地图:当自己位于明显地形点上,并已从图上找到该地形点的位置(即自己所在的站立点)时,可以利用明显地形点标定地图。方法是先选择一个图上与现地都有的远方明显地形点(目标),然后转动地图,使图上的站立点至目标的连线与现地的站立点至目标的连线相重合,此时地图即为已标定。

(2)对照地形

对照地形,即依靠细致的观察,使地图和现所在地的地形、地貌、标志物一一对应。在比赛中,对照地形这一方法在定向比赛中主要有这样两个作用:一是在不清楚站立点具体在哪一点时,只有准确地对照地形,才可以在图上寻找自己的站立点位置;二是确定好站立点之后,如果需要改变前进路径,就必须用对照地形的方法在现地找出已选定的最优行进路线。对照地形的第一步就是标定地图位置,随后要根据具体情况、具体需要采取不同的对照方法。

确立站立点前,应先大体标定地图,并迅速观察四周环境,记住明显标志物或地势地貌的大致方位,在地图上把它们找出来,此时站立点的位置即可概略地确定。

确立站立点后,第一步也是大体地标定地图,从地图上查找出来行进路线前方两侧的代表性标志物,记住其大致方位与离现点距离,之后就要在所在地把这些标志物识别出来,然后再前进。若因为地形过于复杂,例如地形重叠或外貌类似,不便于对照,可以先使用其他方法精确定位,再用具有刻度尺的指北针长边切站立点和标志物,并沿这条直长边向前瞄准,则特征物一定在此方向线上。如果还是不能解决困难,就应该另外寻找对照点。需要特别注意的是,不管在什么条件下对照现场地形,都需要注意观察和对照地形的次序与步骤问题。这种顺序一般是这样的:先比照鲜明的地形,后比照普通地形;由近及远,由左至右;由点及线,由线及面;逐段分片,有规律地进行对照。在步骤方面,首要的也是必不可少的就是要保持地图方位与现地方位的一致,然后再根据不同需要进行下面的步骤。

(3)确定站立点

熟练地掌握在图上确定站立点的各种方法是学习使用地图的关键。对于这些方法,除了要记住它们各自的步骤、要领,尤其重要的是要学会根据不同情况,对他们进行选择使用和结合使用。

直接确定:当自己所处位置是在明显地形点上时,只要从图上找出该地形点、站立点即可确定。这是一种在行进中、特别是奔跑中最常用的方法。但是,采用直接确定法的困难在于:在紧张的进程中,怎样才能很快地发现可供利用的明显地形点?当同一种明显的地形点互相靠近的时候,怎样才能够正确地区别他们,防止"张冠李戴"?

可以称得上是明显地形点的地物主要有:单个的地物;现状地物的拐弯点、交叉点(呈"十"字形)、交汇点(呈"丁"字形)和端点;面状地物的中心或者有特征的边缘。

可以称得上是明显标志地形的地物主要有:山地、鞍部、洼地;特殊的地貌形态,如陡崖、冲沟等;谷地的拐弯、交叉和交汇点;山脊、背线上的拐点、坡度变换点等。

利用位置关系确定:当站立位置处于标志性地形周围时,可以运用位置关系法。采取位置关系法确认站立点有两个主要根据:一是现点至标志点的方向,二是现点至标志点的距离。遇到地形起伏较大的区域,还可以运用高差进一步判定。

利用"交会法"确定:当位置点周围不存在明显地形时,可以利用"交会法"或90°法确定站立点等。按不同情况,它又可以具体分为90°法、截线法、后方交会法和磁方位角交会法。这些方法的好处是无需判断或度量距离便可以确认相对准确的站立点位置。这些方法可以有效地帮助新手练习巩固,使其更快地学会使用定向地图。然而,其中部分方法或者要在极个别的情况下才会用到,要么就是相对烦琐不容易操作,所以在比赛中并不常用。

(4)按图行进

使用地图前进是定向越野的基本运动方式,它要求运动员综合、灵活地运用前面所提到过的各种专项技能。就是说,学会寻找方向、辨识定向地图以及标定地图位置、对照地形确定站立点,做这些的目的都是顺利地使用地图行进。因此,在实践中要根据地形情况、个人特点,选择下述对自己最适合的一两种方法,反复练习,融会贯通,以便在比赛时在不降低或少降低运动速度的情况下始终正确地行进在自己选定的路线上,顺利到达目的地。

记忆行进法:该方法要求在脑海中依照行进顺序,分段牢记路线的方向和距离、路线中的标志物以及两侧的辅助参照物。依靠记忆,应该具有这样一种能力:现地的场景能够不断地与脑海中的内容重合,即“人在地上跑,心在图上移”。

拇指辅行法:先弄清楚自己的站立点和选定行进路线,到达目标,然后调整地图方向,使地图指向与现地的方向一致,随后以拇指按于站立点一侧,再开始行进。行进要随着自己位置的改变,随时移动拇指,调整地图,保持位置、方向的连贯性与正确性。

借线行进法:此法适用于检查点处于线型地形或周围区域。与其他方法类似,首先要明确自己的站立点,接着利用比较容易识别的线型地形,如道路、栅栏、电线杆、山背线、坡度变换线等为行进导引,这样运动时就更有把握。因为沿着线行进很像扶着楼梯旁边的栏杆行走,因此也有人将这种方法称为“扶手法”。

借点行进法:在检查点不远处有高大的特殊地形点时,可采取这种方法。行进前,要先将目标辨认清楚(亦可用其他物体佐证),然后用最快的速度前往检查点。

导线行进法:当站立点距离检查点较远,途中地形又很复杂时,可以采用此法。行进过程中,要多次利用各个明显地形点,确保前进方向与路线的正确性。但值得注意的是,切莫错误运用相似地形点。

(5)寻找正确方向的技巧

找不到当前方向以后怎么办?如果在现地找不到目标物,而又无法确认自己在地图哪个位置,就是迷失了方向。下面介绍的是迷失方向以后重新找到位置的一些常用方法。

沿路径前进时的寻找办法:一边看地图一边对着地形,判断从哪一位置开始发生错误,接着根据具体情况另外选择返回道路行进。若并没有偏离很远,可以原路返回后沿正确道路行进。

越野前进时的寻找办法:此时要尽快停止继续前进,标定所在位置后选取合适方法确认站立点,若能够找到捷径则尽快回到正确路径,若寻找不到则返回原路行进。

在树林中行进时的寻找方法:判断错过的大体方向、距离,寻找到离自己最近的开始发生偏移的地点,并且据此辨认出站立点的大概位置。若错过的距离太远,无法确定站立点,又不方便快速返回原来的路径,此时要翻看地图,查看自己所处的大致迷失区域中是否有大型地形或突出标志物(线状为最佳),如果有,就必须放弃原来的错误路径转而向标志物靠拢,并借助标志物重新确立站立点。如果没有这种标志物,那么就继续按原来的方向行进,等途中出现能够帮助我们确定站立点的机会时,迅速走捷径向目的地进发。要注意的是,山林中最忌讳在尚不清楚错误程度和正确方向的情况下,过于轻率地取"捷径"斜插,可能会在原地兜圈子造成时间和体力的流失。

指北针的运用:如果在山林地中迷失了方向,甚至连"总的正确方向”都无法确定，那么就需要使用指北针。

3.检查点的精确定位

在定向运动比赛中，要想尽量快速地找到检查点，精确定位检查点位置的能力是至关重要的。尤其是寻找检查点的一次成功率极为重要。靠近检查点常用的方法有：一是简化法，即把握检查点周围地区地形地貌的特征要点，快速向检查点行进。二是放大法即尽量从靠近检查点的地物一边向检查点行进，这样可以使检查点更易被发现。三是顺延法，即顺着指向检查点的特征地物向检查点靠近。

总之，在走近检查点前，应看准检查点一侧，活用有明显特征的地物，标定检查点的位置。

4.最佳行进路线的选择

要想选取最优前进路线，需要熟练掌握其他的各项定向技能，特别是看图能力。这是体力、脑力、技能在比赛中的综合运用。所以可以这样认为，选择路线是要求更高、更具有综合性的技能，或称“高级技能”。

(1)选择行进路线的标准

什么是最佳行进路线？简单地说，应该是省体力、省时间、最安全、便于发挥自己的技能或体能优势等的路线。

(2)选择行进路线的基本问题与原则

①选择行进路线的基本问题。

当遇到高地、陡坡、围栏之类的障碍时，是翻越还是绕行？

当遇到密林、沼泽、水塘之类的障碍时，是通过还是绕行？

②选择行进路线要遵循的原则。

有路不越野。尽可能沿道路前进，原因是：在道路寻找站立点难度较低，运动员会更有信心；路面状况好，可以提高运动员行进速度。

走高不走低。若必须要越野，最好选择在高处（如山脊、山背)行进，减少在谷地、低地行进。这是因为地势高处视野开阔，便于确定站立点和保持行进方向；高处通风、干燥，荆棘、杂草、虫害及其他危险少；高处是人类活动相对频繁的地方，像在山脊这样的地方，经常会有放牧、砍柴的人踏出的小路，利用好这些小路，可以极大地提升行进速度。

5.定向技能技巧的运用

(1)重新定位

当明确自己迷失了方向或者在一个区域徘徊了一段时间的时候，需要重新确定自己的位置。可以这样进行：

①确保到达最近的特征物并且确认刚才在地图上的位置。

②尝试找到一些明显可辨认的特征物，例如一些石头或者人工建筑物，可以据其明确自己在图中的位置。

(2)概略定向

①使用指北针并根据磁北线标定地图。

②确立自己的站立点。

③选择对于自己来说最简单而又最近的路线。

④小技巧：沿着你前进的方向折叠好地图，以便更好地拿住地图并且不被地图其他区域转移你的注意力。

(3)精确定向

①当接近检查点的时候，你要仔细地观察地图上的所有细节，以便能准确地知道自己在哪里。

②小技巧：用拇指指示自己在图中的位置，并且伴随着奔跑移动拇指在地图的位置。

二、体育舞蹈

(一)体育舞蹈的内容和分类

体育舞蹈是一种能带领人们在愉悦氛围中锻炼身体、交流感情的体育运动。体育舞蹈作为一种视觉艺术，能够动态、直观地表现人生命的力与美,它以富有表现力的肢体动作为媒介来传达人的思想、人的感情。

1. 体育舞蹈的内容分类

体育舞蹈也叫作“国标舞”,依照其内容可以分为三个大类,即拉丁舞、交谊舞、摩登舞。其中又可以分出 17 个小类:拉丁包含伦巴、恰恰、牛仔、桑巴、斗牛 5 种;交谊舞包括华尔兹(慢三)、布鲁斯(慢四)、快四(又分南京小拉舞、湖南快四和北京平四)、伦巴、维也纳华尔兹(快三)、探戈、吉特巴 7 种舞;摩登舞包括华尔兹、探戈、狐步、快步、维也纳华尔兹 5 种舞。近年来国标舞中又加入了团体舞,由 6 对或 8 对舞者共同跳拉丁舞或摩登舞,跳出各种变化莫测的队形;从 2007 年开始又增加了莎尔莎舞(通常简称“莎莎”)、肚皮舞、时尚街舞、阿根廷探戈舞等。

2. 体育舞蹈的功能分类

依据体育舞蹈的功能,可以分为大众体育舞蹈和竞技体育舞蹈。交谊舞属于大众体育舞蹈,拉丁舞和摩登舞属于竞技体育舞蹈。

体育舞蹈的运动特点决定了它是一种非常容易普及而又贴近百姓生活的运动方式。自我娱乐性是大众体育舞蹈的核心特征。群众需要舞蹈,大部分是为了娱乐,离开了娱乐这个根本,大众舞蹈就不存在了。大众体育舞蹈具有随意性,由于运动者的文化水平参差不齐也就形成了大众体育舞蹈的不规范性。大众体育舞蹈的动机是强身健体、休闲娱乐、人际交流、美体塑身、养成优雅气质等。因此交谊舞对练习者的身体素质没有过高要求,准入门槛低,不论身材、年龄如何,只要有意愿都可以跳交谊舞。交谊舞更注重大众性、普及性,从这个角度说,它强调技术技巧和基本功相对较少。大部分交谊舞练习者跳的是不加润饰的舞步、随意的扶持姿势,还有不少人身体姿态都没有保持垂直,它们追求的主要是熟练的舞步和花样翻新的舞蹈动作,沉浸在这种自我娱乐的欢快气氛中，只追求能够玩得开心。据不完全统计，北京市就有逾80万人参加交谊舞运动，近半数的人刚加入的时候并没有明确目标，有的是在亲戚、朋友、同事的陪伴下去跳舞，有的则是为了打发大把的空闲时间才去跳舞的。在练习交谊舞过程中，有些人身体更加健康，精神愈加焕发，还结交了很多朋友，甚至一些人还领悟到了舞蹈的文化，反过来又促使他们主动地想在舞技上有所提升。

拉丁舞和摩登舞均包含于竞技体育舞蹈体系内，学习竞技体育舞蹈为的是比赛和演出。竞技体育舞蹈划分专业组、业余组、专业学校组、普通高校组，以及少儿组、少年组、青年组、中年组等。竞技体育舞蹈的舞步规范而丰富，细腻而严谨。在服装、上下场、行礼、舞曲的选择等许多方面都有严格的规定。

（二）体育舞蹈的创立和发展

1. 体育舞蹈的起源

现代体育舞蹈在西方国家已经有100多年的发展史，而就其来源来说，则可追溯至公元10世纪以前古老的民间舞蹈。19世纪，受资产阶级革命和工业化发展以及浪漫主义文化思潮的影响，华尔兹、波尔卡、四方舞等舞蹈在贵族生活中风靡一时，在有众多绅士名媛出入的高级宴会中，跳舞成了流行的交际方式，更成了一种休闲娱乐。例如，始创于德国的慢华尔兹（我国习惯称“慢三”）深受贵族们喜爱。大特劳斯施和小施特劳斯受此影响迸发灵感创作了很多圆舞曲，由此快华尔兹（快三）在奥地利应运而生，并迅速被宫廷贵族接受并风行。随后法国人把阿根廷的探戈舞引入宫廷舞会。二战后美国人把下层社会流行的布鲁斯（慢四）、狐步舞和水兵舞（吉特巴）带到了世界各地，并引领了一股舞蹈热潮。在这种背景下，英国皇家舞蹈协会组织欧美的舞蹈专家，在广泛研究传统宫廷舞和舞厅舞的基础上，对这些舞蹈进行了美化和规范化，并制定了比赛规则。首先颁布的是布鲁斯(慢四)、慢华尔兹(慢三)、快华尔兹(快三)、快步舞(快四)、伦巴、探戈、慢狐步等7种舞的比赛规则,这些舞蹈总称为“交谊舞”。之后,华尔兹、狐步舞、探戈、快步舞等总称为“摩登舞”的动作标准和路数也相继发布。1947年,第一届摩登舞和交谊舞比赛在德国柏林举办。1950年9月22日,苏格兰爱丁堡建立了国际舞厅舞理事会(ICBD),组织发起人是菲利普·理查森(Philip Richardson)。国际舞厅舞理事会(ICBD)把摩登舞和交谊舞统一划为国际标准交谊舞,并举办了世界性的“黑池”大赛,这个大赛就等同于体育舞蹈界的奥运会,“黑池”这个名字一跃成为广大国标舞蹈爱好者心中的圣地。1950年以后,每年的5月都在英国的“黑池”举办世界级的大赛。

伴随在世界的影响力不断增大,国标舞一方面被越来越多的国家所接纳,另一方面自身也得到了长足的发展。20世纪60年代,随着社会经济、科技、文化的发展,在西方出现了自由奔放、热情似火、节奏明确、豪放不羁的拉丁美洲舞蹈,恰恰、牛仔、桑巴、斗牛这些舞蹈风靡一时,构成了新一代舞种——拉丁舞,为了和摩登舞相对应,英国皇家舞蹈协会对拉丁舞进行了整编,使其更加规范和系统。1960年,拉丁舞正式成为舞蹈世锦赛的比赛项目。至此,国际标准舞已发展成了两大类、10个舞种:第一类是拉丁舞,包括伦巴、恰恰、牛仔、桑巴、斗牛等5种舞;第二类是摩登舞,包括华尔兹、探戈、快步、狐步、维也纳华尔兹等5种舞。

由于国际标准舞具有鲜明的竞技体育特征,自1964年始,多个国家先后将国标舞改名为“体育舞蹈”,将其纳入竞技体育的范畴,并获得各自国家政府的支持和投入,相继成立了各种体育舞蹈组织。在1992年巴塞罗那奥运会上,有一场表演引起了观众的一致好评,那就是体育舞蹈表演。舞者精彩的表演、高超的技艺轰动了巴塞罗那奥运会,也引起了体育界人士以及奥委会的高度重视。1995 年 4 月，国际奥委会在摩纳哥举行执委会，临时对国际体育舞蹈联合会予以承认，1997 年 9 月 5 日国际奥委会在洛桑举行执委会，国际体育舞蹈联合会（IDSF）正式成为国际奥委会成员。2000 年，在悉尼奥运会闭幕式上，作为表演节目，体育舞蹈再一次荣登奥运会的舞台。体育舞蹈作为一项新兴的项目，已然全面走入各种体育赛事中。现在，已有两大国际性体育舞蹈机构：一是国际体育舞蹈联合会（IDSF），是负责业余事务及比赛的国际机构。国际体育舞蹈联合会现今已有遍及五大洲的 84 个成员国，影响到了全世界逾 400 万参加体育舞蹈运动的人群，前奥委会主席萨马兰奇先生曾出任该组织的特别大使。另一个是世界舞蹈理事会（WDC），是负责职业事务与赛事的组织。世界舞蹈理事会的现任主席是东尼·本，他曾经和舞伴盖娜合作，获得世界职业拉丁舞锦标赛的冠军，也因此被英国女皇授予不列颠帝国勋章（MBE）。WDC 的主席团是组织内的最高机构，设主席 1 名、副主席 5 名。每个国家只能有一个舞蹈协会能够申请成为 WDC 的会员。WDC 的宗旨是鼓励和促进其成员协会的舞蹈活动，它要求其成员协会都参照 WDC 的民主原则运行。此外，WDC 也希望在世界级别的舞蹈锦标赛能够采取更加商业化的运营模式，来推动体育舞蹈的普及和提高，这些方式包括争取赛事赞助、吸引多个媒体来报道体育舞蹈这项运动等。WDC 的宗旨在于为整个职业舞蹈界的舞者及其他舞蹈工作者谋求福祉和发展。

2. 体育舞蹈在我国的发展

20 世纪 30 年代，交谊舞率先进入我国，早期仅流行于上海，随后在天津、广州等大城市风行起来。新中国成立以后，交谊舞的传播更为广泛。20 世纪 80 年代，美国杨伯翰大学舞蹈团来中国举行了一场精彩的表演，使国人对标准化的体育舞蹈逐渐了解，体育舞蹈在我国也进入了一个新的历史阶段。1984

年以来，前后有英国、美国、丹麦、日本的舞蹈专家来中国大陆进行舞蹈表演和学术交流。1986 年，文化部中国舞蹈家协会正式宣布，建立中国舞协国际标准舞总会(后更名为“中国国际标准舞学会”)，并举行了第一届全国国际标准舞锦标赛，此项赛事后来每年定期举行。1991 年 5 月由国家体委审批建立了中国体育舞蹈运动协会，由协会的体育舞蹈培训中心面向其他机构开展培训，并根据国际规则制订了我国第一个《体育舞蹈竞赛规则草案》。在社会主义精神文明建设中，体育舞蹈事业受到各级政府的高度关注和大力支持。1992 年，中国国际标准舞协会和国际标准舞学院相继成立，1993 年中国业余舞蹈竞技协会成立。2002 年中国体育舞蹈运动协会、业余舞蹈竞技协会联合建立中国体育舞蹈联合会。2003 年，经民政部批准，中国国标舞学会和中国国标舞协会正式合并为中国国际标准舞总会。自 1998 年始，国际标准舞被选入中国文化部“荷花奖”的单项奖参评，中央电视台舞蹈大赛也把国标舞作为一个单独舞种评奖，国标舞事业从此又翻开一个崭新的篇章。在政府的关注和帮助下，全国各省、市、自治区都建立了地方的体育舞蹈协会和国标舞协会，热爱舞蹈的人越来越多。据有关统计，仅北京就有 80 万人参与跳交谊舞。交谊舞技术简单，没有严格的规范性，易学、易练、易跳，没有舞蹈基础的人照样可以跳，不用练基本功也能跳，因为交谊舞的功效就是放松、锻炼，在令人愉悦的音乐伴奏下翩翩起舞，使人忘记忧愁，精神轻松，心情顺畅，达到强身健体的目的，因此跳交谊舞的以中老年人为主。但是近些年跳舞的人越来越年轻化，尤其是少年儿童疯狂地热爱拉丁舞，因为通过练习拉丁舞、摩登舞可以提高人的气质，练就一幅修长的形体，同时还可提升人的艺术修养，进而使少年儿童对运动美、形体美、表情美、音乐美、心灵美等一系列美的体验产生更深的感受。我国所有的大、中、小城市都有众多拉丁舞学校、国标舞学校和体育舞蹈学校，单北京就有近百家体育舞蹈或国际标准舞学校。许多省、市的运动会都已经把体育舞蹈列入正式比赛项目，国家以及各省、市每年也都举办各种形式的体育舞蹈锦标赛和国标舞锦标赛。2010 年，广州亚运会已经把体育舞蹈列为正式比赛项目。

（三）体育舞蹈的价值分析

1. 健身价值

体育舞蹈运动是一项富有朝气的运动项目，是糅合了体育与舞蹈的特点，将大众健身和体育竞技合二为一的运动。体育舞蹈极富群众娱乐健身性质，且具有运动与艺术的双重性。

（1）对心血管方面的作用

跳国标舞可令心率由 80 次/分升到 120 次/分，有些时候可能更多。它的作用相当于任何体力练习或有氧训练，可以加强心脏的耐受力，使心肌发达，每搏送血量增加。

（2）对肌肉弹性方面的作用

跳摩登舞或拉丁舞能够完美调动身体肌肉，燃烧多余的脂肪，练出强壮的肌肉组织，使松垮和失去活力的肌肉重新变得充实紧致。

（3）对呼吸系统方面的作用

研究结果显示，大运动量的体育舞蹈可提升肺活量和呼吸效率，短时间内增加心律随后降低，而通过锻炼所获得的强有力的心肺功能可以更有效地抵御疾病的侵扰。

（4）对脊椎方面的作用

拉丁舞和摩登舞都对身形垂直、挺拔提出了要求，因此多参加体育舞蹈锻炼，可以矫正弯曲的脊椎，甚至椎间盘突出也可得到有效预防和缓解。

（5）对关节的好处

据相关报道，预防早期关节炎与治疗关节问题的最好办法是合理地运用关节。跳体育舞蹈可以有效地锻炼到全身各关节如颈、肩、肘、髋、膝、踝等。

(6)使脸部线条优美

体育舞蹈美丽、优雅,具有艺术表现力,大部分跳体育舞蹈的人都会保持微笑,因此不容易在他们脸上发现难看的线条。

(7)使臀部、腹部苗条

人的腹部和臀部不容易得到锻炼,拉丁舞包括臀部、胯部、腰部的动作,骨盆摇摆、胯部扭动就是减少小腹上赘肉和臀部脂肪最有效的方法,若坚持跳体育舞蹈,皮下脂肪会明显减少,减肥效果很好,具有其他运动不可比拟的优势。

2.健心价值

从事体育舞蹈运动,不光能锻炼身体,还可以使人的心理更加健康。体育舞蹈的这种双重功效,已经被越来越多的科学研究所证明。喜欢参与体育舞蹈活动者的心理状况明显地优于未参加者,表明体育舞蹈对心理的调整提升作用是十分显著的。在心理学角度来说,人的专注力是受指向性刺激影响的。在舞蹈的过程中,人的注意力需要放在聆听优美的舞曲和随着音乐节奏将内心情感倾泻于舞姿等方面,由于注意的转移,可以让其他部分机体得到放松和休息,所以体育舞蹈有缓解疲劳、陶冶性情、康复身体、消除心理问题等作用。体育舞蹈还具有调节人际关系的功效,因为体育舞蹈是一种在集体场所进行的群体运动,它能使参加者感受到个人与集体的关系,增强集体意识和荣誉感,起到改善人际关系的作用。

近年来,体育舞蹈的健心功效已被很多科研结果证明。经常跳体育舞蹈既可以降低焦虑,也可以降低抑郁。体育舞蹈对轻度到中度的焦躁症和抑郁症等都有缓解的功能。从体育的社会价值看,体育舞蹈是人们交流情感、消除隔膜、互联互通的最优形式之一。在曼妙的舞姿和轻松的乐曲之下,人们的封闭感在这里会得到完全释放，舞场中的融洽、和谐、高雅的气氛亦能增强人们沟通和交往的意识。可见，体育舞蹈活动增进了舞伴、舞友之间的友谊，丰富了休闲生活，提高了舞者的交际能力。体育舞蹈是一种对身心健康尤其是对心理健康有很大好处的运动项目。跳拉丁舞让别人对你欣赏钦慕，使个人对自我有更加深刻的认知，更加自信。为数不少的拉丁舞者都有过害羞、胆怯的经历，而跳拉丁舞帮助他们逐渐克服了这种心理障碍，变得更加自信、自强，能以饱满的信心和坚实的毅力去应对挑战。

3.提升礼仪修养的价值

体育舞蹈的前身是欧洲的社交舞，社交舞在欧洲对礼仪修养的要求特别高。社交舞是欧洲一种历史悠久的社交活动，它把人类生活中的动作加以提炼和编排，使其成为伴着音乐节律的优雅舞蹈。舞蹈不分种族和高低贵贱，是一种全球性的交际礼仪。在宫廷舞发展为社交舞的前期，绅士有整套邀请女士的礼仪动作，女士也有相对应的接受礼仪的动作，该种礼节是那时候上层社交中必不可少的。随着时代前进，男女都更尊重彼此，尤其是对女士的尊重已成为衡量一个社会文明程度的重要标尺。体育舞蹈中的礼仪性审美要求中依然保留着男士须衣着庄重、体态挺拔，即便在欢快跃动的舞林交错中，也不可失掉精致典雅等内容。礼仪性审美要求意味着舞者的风度居于重要地位，因此，对舞者的外形特征、气质形象都有比较高的要求。拥有高雅风度的第一要素就是体态的挺拔有力。挺拔的身形意味着健康、文明、礼貌、尊重，给人以愉快、兴奋、活力四射的感觉。男女舞者表现出高雅气度不仅是舞蹈风格的要求，也是对观众的尊重。如男士手挽女士进场，两人做快速旋转后向观众致意，女士则向周围的观众行古雅的屈膝礼仪；一支舞跳完后，一对舞伴不仅需要向观众行礼，男士还要手指女士，面带笑容做出温文尔雅的行为举止，这些都给人以美的感受与回味。英国著名哲学家弗兰西斯·培根说:“秀雅风度的动作的美才是美的精华。”在表演或比赛场上,选手们不论是动作还是神态,都要符合高雅和谐这一宗旨。

4.观赏价值

体育舞蹈不只是人们交流友谊、陶冶性情、锻炼身体、提高水平的不错选择,而且有高度的表演价值,能给舞蹈表演者和观众以美的体验,令人身心愉快,并提升人们的艺术欣赏水平和审美情趣。练习体育舞蹈,能够让人们的体型更加匀称和谐,体态更加挺拔、修长,达到力与美的完美结合。这既能实现个人追求美的愿望,也能满足观众的审美需要。

体育舞蹈比赛对参加者服装的严格规定也加强了它的可观赏性。体育舞蹈的摩登舞与拉丁舞各有自己的专用服装,舞者会随着舞蹈风格的不同而选择用不同款式的衣服来进行表现。如现代舞体现的是欧洲风情,男士衣装要坚持正式礼仪性活动的标准,身穿沉稳高雅的燕尾服,颈系白领结,脚穿束带皮鞋,发型整齐,时时刻刻体现出一种绅士气度,给人以庄重高贵的感觉;女士们则穿露背式晚礼长裙,具体式样、色彩等也随时代的潮流而有所变化。

另外,体育舞蹈中的团体舞更是美不胜收,团体配合到位,队形变化丰富,再伴以相应的音乐,构成一幅幅刚健、优美、丰富多彩的动态画面,并达到形体美、姿态美、动作美、服饰美和音乐美的完美结合,给人以美的享受。

5.交际价值

体育舞蹈可以使人际关系更加和谐。因为体育舞蹈是一种集体运动,在公众场所进行,能使跳舞者意识到个人在集体中该做些什么,从而更好地处理与集体中其他成员的关系。轻松高效的社会交际是个人四种主要需求之一,跳舞能够帮助人更好地处理人际关系,培养为人处世、公关社交的能力。体育舞蹈是流行于世界各地区的社交舞，它是联结不同国家、地区和各个民族感情的一种世界性的“肢体语言”；它是一种无法被语言所完全替代的艺术，且具有广泛的社交性。体育舞蹈基本上包括自娱、表演、竞技等三个层次。自娱性的体育舞蹈拥有最为广泛的群众基础，不分地域，也不分性别年龄，大家在跳舞中相互交流，培养感情。大学校园中会通过学院、专业将学生划分开来，虽然便于管理，但也限制了学生的人际交往圈。而在学校组织的舞会上，美妙的旋律和曼妙的舞姿将各个学院、不同专业以及来自各方的爱好不同的年轻人聚集在一起，在这个临时团体中，同学之间的交往是多层面的，人与人的疏远与隔膜在这里能够得到完全的解脱。体育舞蹈是现代流行的一种社交活动，又是一种健康文明的娱乐活动。依靠舞蹈的媒介作用，学生们将拥有更多交际机会和更好的气氛，满足情感需求，加强思想情感的交流与信息的沟通，增进友谊，既可获得心理上的享受，同时也可丰富业余生活。

（四）体育舞蹈在高校中的作用分析

1.体育舞蹈能提高大学生对艺术的鉴赏力

高校学生在艺术修养方面具备得天独厚的条件，他们中的许多人从小就受到良好的艺术教育，对舞蹈、音乐有较强的理解力和欣赏力，更容易进入舞蹈、音乐意境。体育舞蹈中欢快活泼的恰恰舞可以使人积极向上、朝气蓬勃，优美悦耳的华尔兹舞曲可使人忘却烦恼，节奏强烈的探戈舞曲催人奋进，轻松活泼的牛仔舞曲令人激情迸发，缠绵抒情的伦巴舞曲令人心旷神怡，还有热情欢快的桑巴舞、雄壮激昂的斗牛舞等等。这些风格迥异、刚柔并济的具备无穷魅力的舞种可使大学生的舞蹈、音乐素养和艺术修养都得到提高。

2.体育舞蹈能促进大学生对美的追求

体育舞蹈对参与者的文化要求较高，大学生相对来说是文化素养好、综合素质高的群体，对追求健美的体格、优美端庄的姿态、匀称和谐的形体、举止潇洒的风度非常重视。追求美是时代赋予教育的内容，更是大学生的心理需求。集形体美、音乐美、服装美、礼仪美于一体的体育舞蹈可以使学生在运动的同时经历各种审美体验，从而得到精神的净化、情操的陶冶、心灵的愉悦和情感的升华。

3.体育舞蹈可以培养大学生的体育参与意识

大学生爱时尚，喜欢一切新鲜有趣的事物。体育舞蹈正是在这个日新月异的年代诞生的。体育舞蹈从华尔兹的波浪起伏到探戈舞的抑扬顿挫，从伦巴舞的激情火辣到牛仔舞明快的节奏和腰臀部有韵律的摆动，都可提升舞者身体的灵活性、柔韧性和协调性。

4.体育舞蹈能扩大体育的社会效应

体育舞蹈是一项特别适合电视转播的体育运动。中央电视台经常播放体育舞蹈的比赛和表演，各地方台也时有播放，上海东方台策划的《舞林大会》更是把体育舞蹈推向了高潮。体育舞蹈讲求百分之百的性别平等，是一项男女一起参与的运动形式。高等院校是大学生走向社会的转折点，学习体育舞蹈使大学生在走入社会后可充分利用体育活动群体的特点，与不同类别的人进行思想、情感、知识的沟通，扩大交际范围。体育舞蹈对学生的体态、舞姿、风度等方面有诸多独特要求，可促使大学生的精神面貌发生改变，从而使其一走入社会就能以高尚的人格内涵、良好的行为举止、彬彬有礼的风度感召周围人群，这样一来，体育的内涵就得到延伸，体育的社会效应也扩大了。

5.体育舞蹈能促进学校的体育教学改革

伴随着社会进步，学院式体育教育正向多元化发展。公共体育课这一理念的内涵及外延不断扩大，今后还将继续吸收时代赋予的新理念。学校体育是社会体育的基础，体育舞蹈课在学生的社会化进程中扮演着重要角色。体育舞蹈课拓展了教学范围，丰富了体育课的类型，活化了体育教学机制。高校开展体育舞蹈课是学院式教学的一场变革，体育舞蹈课给高等院校公共体育课输入了新鲜血液，广受学生的好评。

三、体育游戏是休闲体育的主要内容和最佳形式

（一）体育游戏成为休闲的重要内容和手段

在人类社会的长期进化、发展历程中，体育游戏和体育相同，经过原始体育、古代体育、近代体育、现代体育四个发展时期。不论在哪一个阶段，休闲与体育都维系着密切的关系。体育游戏是起源于人们的生产、生活的以全身的动作为主的一种特别的社会文化活动，它具有娱乐、健身、教育、比赛等一系列作用。然而，体育游戏并不仅仅是打发休闲时间的娱乐和轻松愉悦的休息，更重要的是可使人体保持相对较好的状态。于光远先生在 1983 年就曾经提出，我们国家对竞赛体育重视程度很高，然而对竞技体育之外的比赛和游戏重视不够，并且中国大部分高等学府并没有开设和体育游戏相关的专业，也没有专门从事体育游戏相关研究的学者。于光远先生指出："玩是人生的根本需要之一，要玩得有文化，要有玩的文化，要研究玩的学术，要掌握玩的技术，要发展玩的艺术。"[①]这里所谓的"玩"，可以说言简意赅地说出了丰富的内涵。体育，目的是通过锻炼身体促进人全面而自由地发展，使人的生存、生活质量更高。体育本身也是在游戏中产生和发展而来的，如果没有了体育休闲，今天多彩多姿的体育项目也将不复存在。换句话说，休闲是体育运动发展的沃土，是体育赖以孕育的温床。世界休闲组织秘书长克里希多夫·埃廷顿先生认为，奥运会中的竞技运动项目吸引群众更多地参与到体育活动当中来，在竞技体育在发展的同时也可

① 于光远：《玩是人生的根本需要之一》，《教书育人》2009 年第 5 期。

以为大众参加体育活动提供更多的设施条件。体育游戏是体育的一种形式,将娱乐视为最理想的活动方式。体育游戏以其多样化的内容和形式以及重要价值吸引着人们。不同年龄、性别、职业的人可根据自身的身体特点、兴趣爱好进行体育活动,或健身或娱乐,或竞技或康复,各取所需,各得其乐。体育游戏可以作为一种"文化快餐",丰富人们的闲时生活,又是一项积极、健康、便于人们经常参与的余暇活动。无疑,体育游戏将成为休闲社会中人们参加体育运动的重要内容和最佳形式。

(二)民间体育游戏与当代大众休闲生活的关系

历史发展到今天,作为一种独具民族传统文化魅力且经济实惠的休闲体育形式,民间体育游戏依然在人民大众的文化休闲娱乐生活中发挥着不可或缺的作用。尤其是随着我国小康社会的不断发展和人们休闲娱乐需求的不断提高,还有全民健身运动的深入开展,民间体育游戏越来越受到人们的青睐。比如舞龙舞狮、放风筝、扭秧歌、鞭陀螺、跳绳、踢毽子、拔河、跳皮筋等以及一些少数民族地区的民间体育都得到了较好的开展,极大地丰富了人们的文化休闲娱乐生活。

总而言之,体育游戏、民间体育游戏与休闲体育之间既存在密切的联系,又在长期发展过程中存在着差异。体育游戏是一种由心理内部需求引起的集娱乐、温情、竞争、合作、拼搏等体验为一体的个人主观发生的活动。民间体育游戏是体育游戏的一个分支。休闲体育是体育与休闲结合而成的,与用作其他方面的体育有所不同,它是由内部动机引发的,是个体为了从外部环境的压力中得到解放而按照自己的意愿、兴趣自发选择的有价值的运动方式,也是休息、消遣,还是培养与经济利益无关的体能、智能和运动能力、自发地参加体育活动和自由发挥运动才能的一种社会文化活动。以欣然之心态,择喜爱之项目,强躯体之筋骨,这就是休闲体育的真谛和价值所在。

(三)经典体育游戏示例

1.幼儿亲子体育游戏

☞ **袋鼠妈妈**

活动目标：

①观察模仿怀孕时的袋鼠妈妈，练习跳跃动作。

②积极参加游戏，能与同伴轮换玩具玩游戏。

活动准备：

4个不同颜色的大布口袋(里面装着沙子)、平衡木。

活动过程：

①准备活动：模仿动物动作

玩法：将儿童分为人数等同的四支队伍，每队排头的队员系上大口袋扮演袋鼠妈妈，从平衡木上走过后，跳入呼拉圈里面，再跳出来将口袋传递给下一名队员。

规则：扮演袋鼠妈妈的儿童要全程跳跃着完成游戏；没有跳跃的儿童要重新进行。

②分散活动：提供大袋鼠口袋，教孩子们佩戴上大口袋模拟袋鼠妈妈的动作，分角色扮演袋鼠妈妈玩跳跃游戏。

☞ **老猫睡觉醒不了**

活动目标：

①练习轻轻地走和跑。

②培养幼儿参加体育活动的兴趣。

活动准备：

备好老猫饰品一个和几个小猫饰品，在场地里面放置掩体供儿童躲藏，活动前学习游戏中的儿歌。

活动过程：

①游戏引入：老师带儿童随着音乐模仿小猫走路的动作。

②游戏进行：教师讲解游戏规则和玩法，带领儿童玩游戏。在游戏过程中，教师应告诉儿童移动时要轻手轻脚，防止被“老猫”

听见。在孩子们熟悉游戏规则以后让儿童轮流扮演老猫。

③游戏结束:带领幼儿散步。

☞ **玩拖拉车**

活动目标:

学习按规定方向行进,掌握正确的走路姿势。

活动准备:

①场地准备一条起点线和一条终点线,并使两者相距6米。

②带小轮子的动物玩具若干。

活动过程:

①教师介绍游戏玩法。每个小朋友都用线牵着一件小动物玩具,站在起点上。在老师发出“出发”的命令后,小朋友们拉着小动物玩具向前走。到达终点后,可领着小动物到终点线右边的草地上“吃草”,或拉着小动物在附近自由走动。当老师说“小动物,回家吧”时,小朋友们便可拉着玩具往回走。

注意事项:

①做游戏时应注意,只有听到“预备,走”或“小动物,回家吧”的指令时,小朋友才能开始向前或往回走。在走的时候要注意不要碰到别的小朋友牵着的小动物玩具。

②活动时教师要注意观察幼儿走路的姿势,及时纠正其不正确的姿势。

☞ **兜兜水果**

“兜兜水果”这个游戏由于具有浓厚的家庭气息,因此特别适合和家人一同进行。游戏所需物品有围裙、垫子、水果,还要事先在场地中拉好两条线,两条线间的距离为1～2米。玩法也很简单,拉好两条线后,在线的下面铺一张垫子,孩子站在第一条线的后面,爸爸或妈妈系好围裙后双手拉起,面对孩子在第二条线的后面用兜兜接水果,接得多的组获胜。

☞ **猎人打灰狼**

准备:沙包一个、场地上画一只灰狼并在各部位标明分数。

游戏目的:锻炼儿童的上肢力量、自控性,同时练习眼力、特别是估算距离的能力。

游戏方法:家长立于3米线外,儿童则站在家长前方2米线外,家长和儿童依次用沙包击打大灰狼。将沙包落点积分累加,哪一方先获得30分,就成为优秀的"猎狼者"。

2. 儿歌体育游戏

☞ **持垫传球**

儿 歌

小朋友,排两排,
面对面,拉开垫,
颠起球,传旁边,
继续颠,垫传垫,
颠完传,传完颠,
稳又准,不掉垫!

☞ **平衡传球**

儿 歌

小朋友,传大球,
手托瓶,瓶托球。
从头托到尾!
往回走,不掉球。

☞ **持杯拍运球**

儿 歌

小弟弟小妹妹,
手里握着杯。
持杯拍球往前跑,
就象小飞鸟!
谁最好?

☞ **掷碟击物**

儿　歌

圆飞碟，
飘又轻，
飘到圈子中，
推倒圈中瓶。
你能我也能，
大家轮流击小瓶，
看谁击中瓶。

☞ **沙包穿孔**

儿　歌

小宝宝，
握沙包，
瞄一瞄。
大叫一声："着！"
过去啦！"妙！"

3.青少年体育游戏

☞ **推小车**

游戏目的：锻炼学生的两臂支撑力量，培养其坚强的意志力。

场地、器材：平坦场地1块。

游戏方法：如图5-1所示，在场地上画两条距离10～20米的平行线分别作为起点和终点。将学生按前后两人一组分成若干组，站在起点线后。前面人俯撑分腿于地上当"小车"；后边的人站于俯撑者两腿间，两手握其踝关节并抬起，当"推车人"。听到口令后，俯撑人和"推车人"需要默契配合、统一步调地向前迅速移动，尽快到达终点，最快到达终点的小组获胜。然后两人互换，再按此进行比赛。

游戏规则：

①推车人通过终点为完成游戏。

②若“翻车”或停止，需要迅速从原地重新开始。

图 5-1　推小车

☞ **小河与河堤**

游戏目的：通过游戏锻炼学生的跳跃能力，培养学生判断的准确性和反应能力。

场地、器材：画两条线表示 2 米宽的小河。

游戏方法：如图 5-2 所示，将学生在“河”中间排成一路纵队。教师说向“右”，大家就同时向右双脚跳起；说“向左”，就往左跳；说“小河”，就跳入中间“小河”中。当教师的口令和大家所在的位置一致时，就保持原地不动。教师随意发令，学生听令行动。做错动作者退出游戏，坚持到最后者为胜。

游戏规则：

①根据规定的口令做动作。

②跳错方向、踏线或在不该跳的时候跳动，都要退出游戏。

③反应明显慢的也要退出游戏。

图 5-2　小河与河堤

☞ **跳跃躲竿**

游戏目的：发展学生弹跳、协调性及反应和判断能力。

场地器材：一根长 4.5 米的竹竿，竿头套一根长 1 米的皮管，在平坦场地中画一个半径为 5 米的圆圈作为场地，学生站在圈子里侧。

游戏方法：如图 5-3 所示，学生面向圆心站在圆圈上，相互间保持约 1～1.5 米的间隔。教师位于圆心，手持竹竿一端，将竹竿抡起平行于地面转动，使竹竿上的皮管通过每个学生脚下，学生跳跃躲杆。竿的转速快慢酌情掌握。要逐渐提升竿的高度，以增加难度。学生碰到、踩到皮管，影响了游戏的正常进行，判为失败。

游戏规则：

①不得离开圆圈站立，必须让皮管完全从脚下通过。

②可用不同方式跳跃躲竿。

图 5-3　跳跃躲竿

☞ **击水瓶**

游戏目的：加强学生臂力，提升投掷能力。

场地器材：塑料瓶、沙包若干。在平坦的场地中按照 16 米距离绘制两条平行线作为投掷线，投掷线两边 1 米处画一条预备线，中间画一条中线，中线上间隔相同距离摆放好塑料瓶作为投掷目标。

游戏方法：如图 5-4 所示，首先把学生等分为两个小队，每个小队再分成两个小组，一队队员先站到投掷线与预备线后，面对中线，每人手持一个沙包。发出口令后游戏开始，立于投掷线后一方的同学一起用沙包投击水瓶，击倒一个即可得到 1 分。投完后，按老师口令一起跑去捡沙包，并将水瓶摆好，然后从两侧跑回预备线后，按原队形站好。另一队的同学听口令继续进行，每个同学投 3 次后，计算各队总分，积分多的队获胜。

游戏规则：

①投掷时不得越过投掷线。

②必须听老师口令投、捡沙包。

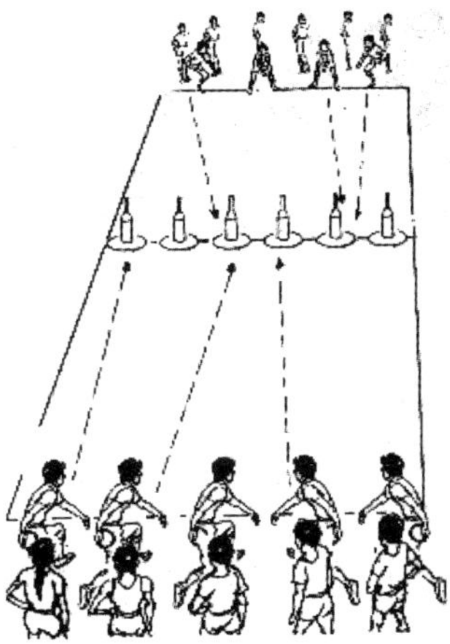

图 5-4 击水瓶

☞ 猜拳追逃

游戏目的：提高学生的反应能力和奔跑能力。

场地、器材：画两条相距 30 米的平行线作为终点线，以中线为基准向两边各延伸一米后，再各画一条平行线。

游戏方法：如图 5-5 所示，将学生按人数等分为甲、乙两队，两队同学面对面站立在中间平行线两边。游戏开始后，两人用猜拳的方式决定胜负，输者逃，赢者追，若在到达终点前被追上拍到，则逃跑者要在原地将胜利的同学背回起点。

游戏规则：

①追拍时，通过终点线以后再拍的无效。

②二人猜拳必须同时出手。

图 5-5　猜拳追逃

4. 中老年体育游戏

☞ **矮人竞走接力**

游戏目的：锻炼髋关节灵活性。

场地、器材：在场地上画 5 条相距 10 米的平行线，并按顺序(1～5)编号，1 为起点线，5 为终点线。线的长度依分队数量而定。

游戏方法：每 4 人为一队，每队队员分别于 1～4 号线后成一路纵队面向终点线站立。游戏开始后，第一组各队排头迅速蹲下，以蹲姿向前走，当走到本队第二人身后时站起，同时拍击第二人肩部，第二人立即蹲下，同样蹲着走向第三人……依此类推，以最后一人到达终点的先后顺序排列名次。

游戏规则：

①不准抢走。

②不允许半蹲和站立行走，只许深蹲(全蹲)行走。

③以最后一人的脚越过终点线的先后顺序判定名次。

☞ **往返竞走接力**

游戏目的：锻炼竞走速度。

场地、器材：在两条跑道上各画相距30米的两条平行线分别作为起、终点，标志杆两根。

游戏方法：将运动对象分成人数相等的两队，各队成纵队站立在起跑线后。游戏开始后，每队排头迅速用竞走的方法走至终点绕过标志杆再走回本队，与第二人击掌后，第二人接着再做，以后每人都依此法进行，直至全队走完，先走完的队为胜。

游戏规则：

①不准抢走。

②只能用竞走的方法完成游戏。

☞ **脚跟走往返接力**

游戏目的：发展身体协调性。

场地、器材：画两块10米长的场地，标志杆2根。

游戏方法：按参与者人数等分为二队，每队各站成一队立于起跑线后。游戏开始后，每个队伍排头的队员快速以脚跟走到终点后绕过标志杆回到本队，和第二人击掌，第二人继续该动作，以后每人都依此法进行，直至最后一人走完，率先走完的队伍胜。

游戏规则：

①不准抢走。

②只能用脚跟走的方法完成游戏，前脚掌不得触地，走时腿应尽量伸直。

☞ **外八字走迎面接力**

游戏目的：锻炼特殊姿势走的协调性及身体的柔韧性。

场地、器材：场地中绘制相距10米的两条平行线。

游戏方法：将人数等分为两队再各分两组，分别成纵队面对面站在两条平行线后。游戏开始后,各队甲组排头第一人用外八字的脚型向前走,走到对面击乙组排头手掌并站到队尾,乙组排头立即模仿第一人动作走向甲组的第二人,依次进行,直至最后一人完成,先完成的队为胜。

游戏规则:

(1)外八字走应脚跟对脚跟地两腿依次向前走。

(2)不得抢跑。

☞ **手持轻物走接力**

游戏目的:发展身体平衡能力。

场地、器材:羽毛球拍、网球,相距10米的两条平行线,标志杆2根。

游戏方法:分成人数相等的两队,按照两纵队分别站在起点线后。游戏开始以后,两队排头分别手持羽毛球拍将网球置于拍面上向前走,绕过标志杆后返回到起点,第二个人接过排头手上的羽毛球拍和网球,沿相同路线行进,直到最后一人完成,先完成的队为胜。

游戏规则:

①手持轻物走时不得跑,轻物掉下应在原位放好再前行。

②不得抢走。

☞ **踢毽子接力**

游戏目的:锻炼下肢灵活性与平衡能力。

场地、器材:毽子若干个。

游戏方法:将桌椅移至教室后方,在教室中空出一块位置,按座位行次每两行组成一个队,每队一个毽子。游戏开始,排头到前面踢毽子,至失误为止,记下次数,回到自己座位,接着第二人出来踢,直至全队踢完为止。累计次数多的队伍获胜。

游戏规则:

①只能采用脚内侧与脚外侧两种踢法。

②不可影响别的队员的动作。

☞ **太极拳单推手**

游戏目的：锻炼队员动作的灵活性、反应能力。

场地、器材：30 米×20 米的松软平整场地一片。

游戏方法：分成人数相等的两个队，面对面站成 2 列横队，游戏开始，面向的 2 人右脚向前迈一步，两脚内侧相对，相距 10～20 厘米；双方右手掌各向前举，臂稍屈，手背相对，手腕交叉，各含“绷劲”；双方左手均自然下垂。重心均落于两腿之间。发令后，双方两手臂在一平圆内沿逆时针方向推转，双方在推转中寻机采用推、挤、按等发力方法或借力引劲落空，迫使一方失去平衡或脚步移动；在规定的时间内，获胜次数多的一方为胜。

游戏规则：

①在游戏中，不许用蛮力和拙劲去硬别对方、推动对方。

②可以用腰的运转、臀部的后坐来化解对方的力。

③脚步滑动、手撑地以及摔倒都算失败。

④游戏中，队员自己作为裁判，根据游戏结果判定胜负。

第六章　休闲时代下休闲体育生活化发展

第一节　休闲体育影响下的生活方式改变

一、休闲体育的发展趋势

(一)休闲体育的发展趋势预测

1.休闲体育将成为大众生活化的休闲方式

经济的发展,社会的进步,让一直疲于提高生产力的人类逐步开放了选择的自由,不再拘束于以生产力为核心的生活概念,将全新的理念投入到一种新型的生活方式,即休闲。休闲体育即是如此成为大众生活中不可缺少的一部分。休闲体育的本身不仅代表了一类健康的大众化的休闲生活方式,包含强身健体、锻炼身心等,更难得的是,它成为适应现阶段社会主义核心价值观、社会主义市场经济和大众社会生活重要的体育形式。

在社会主义现代化建设中,以科技为主导的生产力极大地解放人本身,人们因此有足够的时间及精力进行休闲娱乐活动。便不能小视的是,压力和竞争在这样的阶段不降反升,考验着人们承压的底线,这就迫使人们主动去寻找削减压力的休闲娱乐方式。在这样一个多元化,充满多重结构的社会中,人们由单纯地物质追求转化为精神、物质的双重追求。自尊、自爱、自我满足，更加注重身体健康，对形体美的追求，极大地促进了休闲体育的蓬勃发展。21 世纪，是一个解放自我、削减压力、健身强体、劳逸结合的世纪，休闲体育将突破阶层偏见的桎梏，变为大众化生活的不可或缺的休闲娱乐方式。

2. 休闲体育消费比重上升

社会主义市场经济的发展，科学技术水平的提高，逐步改变了原先社会阶层的需求，市民阶层的休闲体育逐渐兴起。生产力发展到一定阶段，物质已不再是人们追求的单一目标，它不可缺少，但无法单独支撑起大众生活的全部，人们精神层面的需求，逐步开放变大。对于大众来说，休闲体育是一个不错的选择，因而，以休闲体育为代表的户内外体育方式成为市民的新选择。在发达国家，体育方面的消费，在抛开物质追求后的精神选择消费中，占到了 30%～40%，美国仅在 1995 年，市民休闲体育支出费用共计 3500 亿美元之多。

（二）休闲体育生活化趋势的发展及特点

西方的体育模式在一百多年前便已逐步传入我国，但我们当时吸收西方的体育系统更多的是选择竞技这一方面，而娱乐休闲的方面我们暂时遗忘了。究其原因，在于两点，一是国情国际原因，二是经济科技原因。20 世纪末，我国的经济已逐步成型，生产力的发展，科技水平的提高，让人们的生活由单一物质追求转变为物质、精神的双重追求，体育健身逐步兴起。这样一来，休闲体育就应运而生了，并且略显框架，日趋完善。

在我国，体育活动 20 世纪 80 年代表现为以经济为主。20 世纪 90 年代则表现为以健身为主，2000 年以来，更多地表现为以休闲娱乐为主的市民体育活动。深度的改革开放促使了中西体育体系的不断融合交汇，我国也不再拘束于原先落后的体育模式，开始大力学习外国优秀的体育知识理论，休闲体育，即

"Leisure Sport",无论是译为休闲体育,或是译为余暇体育,它在本质上没有不同,都是业余时间、休闲时间、闲暇时间进行的一种不以竞技为目标,包含了休闲、锻炼、娱乐等多种多样目的的体育活动,这样的体育活动,其特点有三点:一是体育活动中人们的自主选择广泛,二是体育活动的内容形式丰富多彩,三是活动效用包含集中的综合性。

随着社会主义市场经济的不断发展,科学技术水平带动生产力不断提高,人们可选择的体育方式也变得多种多样起来。在往常,那些被称为高阶层、高水平、高品位的"三高"体育活动也逐步地被广大市民阶层接受,不再是个别人的体育运动。人们这种对体育运动不断扩展追求的意识,证明了真正的休闲体育,应该是建立在自主选择、娱乐休闲、强身健体基础上的,并且是市民自发的,是内容形式丰富多彩的、有意义的一种体育活动。

二、休闲体育与生活方式的关系

生活方式是一种概括性的概念,它包含了个人满足生存及发展的,进而产生的所有活动主体的行为模式及其特征的总和。休闲体育不仅仅是人们的生活方式,休闲体育对人们的生活方式也会有巨大的影响。

第一,休闲体育是一种现代生活方式。

生活方式是人们生活中所遵循的模式、特点的总和,包括了整个的物质层面和精神层面。休闲体育初起于美国的 20 世纪 70 年代,最初接受的主体是美国的年轻人,他们富有冒险精神,将休闲娱乐同体验自然结合到了一起,进而逐步发展成为体育活动中一种新型的体育模式,成为现代休闲文化活动中的重要组成部分,也是人们生活方式中重要的组成部分。休闲体育的出现,体现了人们对精神文化娱乐追求程度的提高,也是现代生活方式的体现。随着社会现代化水平的提高，现代的工作模式及社会环境对人类的身体造成了负面影响。每逢节假日，就有一大批人选择离开城市，进行一些野外休闲活动，或者在城市中，选择健身房和运动场进行休闲运动。诸多的优点让休闲体育成为现代生活方式中不可缺少的一部分。

第二，休闲体育对其他生活方式的影响。

在人类的社会中，构成社会稳定的要素之一就是人们生活方式的稳定性，但这种稳定也是一种相对的稳定，它会因社会生活方式组成部分的变化而变化。具体来说，表现为社会生活方式的相互影响。自 18 世纪 60 年代英国爆发的工业革命之后，人们的社会生活方式便与之前形成了鲜明的对比，直观的表现为人的具体时间中，工作时间和休息时间的分界线日益明晰，同时，两类时间所代表的具体性质、内涵的差距也逐步变大。现代社会的压力及工作环境，相比之前的社会来说，有增无减。巨大的压力，强烈的竞争，更快工作节奏，无疑为现代生活的人们加上了一层枷锁，这种生活方式下的人们，不仅身体疲惫不堪，心灵也逐步困乏。所以，休闲娱乐，作为一种随着经济发展而兴起的生活方式，成为现代人生活中必需品。相较于影视、购物等休闲娱乐，休闲运动有着其无可比拟的天生优势，加强锻炼会增加人本身的健康程度，提升个人精力，宣泄情感，放松身心，使人心情愉快。休闲运动的增多，也会影响到其他行为，比如说因休闲运动的增加而减少的购物、影视等生活方式。这样一来，精神与身体是在同步放松的，有利于身心健康。

(一)休闲体育对生活的促进作用

1. 休闲体育促进了人与自然的和谐相处

休闲体育是一种舒适、愉悦、有趣的日常活动，竞技体育的强竞争性、逐利性及政治色彩已经基本上被消除。人们可以根据内心所愿，抛开一切顾虑与烦闷，放开心胸走进大自然。生活中,休闲体育的项目新鲜有趣、多种多样,而且很多都是在自然环境中进行活动。例如登山、攀岩、定向徒步越野、山地自行车、野外旅行、探险、滑雪、雪山摩托、划船、赛艇、帆板、水上摩托、潜水、冲浪、滑水、钓鱼、游泳、漂流、滑翔、跳伞、热气球等。应该说,各种休闲项目给大众参与休闲体育提供了良好的条件,自然界成为现代人参与休闲体育最好的平台。人们在参加休闲体育活动,特别是野外休闲体育活动的过程中,可以率意自为地领略大自然的神奇,欣赏大自然怡人的景致,高呼激情奔放的豪言壮语,感慨大自然宽广的胸襟,使懵懂的人们领悟到人与自然和谐相处"天人合一"的真谛。人们在参与休闲体育活动后,对大自然的雄奇壮伟更加敬畏和爱戴,对大自然的瑰丽珍奇更加珍惜和爱护,从而以切实行动掀起保护大自然的活动,促进了人与自然的和谐相处。人与自然的和谐相处为人类的生存与发展提供了一个良好的自然环境,有利于人类社会及人自身的健康、和谐发展。

2.休闲体育促进了人与人直接的和谐相处

在现代社会中,劳动者之间分工越来越明确仔细,生活节奏逐渐加快、工作压力愈来愈大,让人高呼"无法喘息",城市化率也逐年升高,这些都是社会现代化的鲜明特征。因此,人们每天疲于应付工作、生活琐事、人际往来,将自己圈在一个狭小的空间里面,进而导致交际圈变小,人际关系紧张。人们为了适应严苛的生存环境也无意中变得更加功利,彼此谦让的意识逐渐减退,变得感情淡漠,缺乏沟通理解。

人们进行休闲体育活动时,更喜欢参加一些集体性、合作性、趣味性较强的体育项目,如网球、足球、篮球、羽毛球、橄榄球、保龄球、交谊舞、野外旅行、交游、踢毽子等。这些体育活动,在让人们身心愉悦的同时也,加强了人际间的交往和沟通,扩大了人们的交际圈,使人际关系变得融洽,有利于人们之间的和谐相处。参与休闲体育活动，充分表达了人们对于和谐人际关系的向往之情。

3.休闲体育促进了人身心健康发展

随着科技和社会发展水平越来越高，从事脑力劳动的劳动者数量越来越多。长时间在电脑前工作，用脑不用体，使得身体严重缺乏锻炼，长期以往就会出现很多生理问题，诸如肌肉萎缩，供血能力下降、呼吸系统不调和、心脑血管功能下滑等。而且，不断发展的社会生产力使人们的生活水平不断提高，饮食结构和习惯也大大发生变化。饮食结构中获取脂肪、蛋白质、糖类等功能物质的比例不断增高，致使很大程度上营养过剩。因此，现代都市中产生了很多的“文明病”，如糖尿病、高血压等，它们时刻在威胁着人们的身体健康。现代社会，人与人之间在各方面的竞争日渐激烈，人们努力争夺着本就不多的社会资源，很多事情都不能顺遂自己的心意，被工作、生活的压力压迫的人们已经无力喘息。不仅如此，为了适应自己在工作、生活中不断变换的不同角色需要，人们不断地“改头换面”，改变着自己的形象，以“假面具”示人，逐渐迷失了真实的自我。因此，表面上看上去很健康的人不同程度地存在着一些心理障碍和问题，成为影响人们健康的，不良因素，这是现代人亚健康状态的一种新的表现形式。体育是能够让人尽情发泄压抑的情感，活出真实的自我，回归本真。在休闲体育活动中，不仅人的体质得以增强，最重要的是获得一种积极的心理体验，个人能与自然界亲密接触。在与他人互联交通，自发进行的运动方式中，人能够从单调、重复的简单劳动中解脱出来，不再成为“物”的奴隶，人际关系间的隔膜和疏离的状况得以缓解，被扭曲的人性得到回归，参加体育休闲活动还能让人们感受到成功的喜悦，排解压力，放松身心，有益于心理健康。

4.休闲体育满足了人们自我实现的需要

在人与人之间的竞争越来越激烈的现代社会中,想要高水平地实现自我并不容易。因此,休闲体育可以说是人们自我实现的一个很好的平台,如滑翔、攀岩、滑板、滑水、漂流、蹦极、冲浪、水上摩托等项目,人们能够在运动中战胜对手、战胜自我,最终可以实现自我。依靠一种自我实现的满足感,人们可以增强自信心,更加正确地认识自我,从而以饱满热情再度投入到工作和生活中去。

(二)大众生活对休闲体育的影响

1.关注休闲体育的休闲价值

随着我国大众休闲时代的到来,人们逐渐改变了传统的体育观。传统意义上纯粹体育健身的概念,已向健身、益智、休息、娱乐的多个维度发展,体育的独特价值正越来越受到广泛重视。人们在休闲生活中,快乐、休息、放松成为人们参加运动的主要出发点,人们开始带着一种乐观向上的积极心态来参与体育活动,休闲体育随之诞生,成为一种文明、健康、有趣的休闲生活方式。参加休闲体育活动,不但可以使大众的生活更加健康,满足个人需要,对于参与者完善人格、端正态度和道德情操有主要作用,并且可以丰富大众的文化生活,提升大众的个人修养,使人养成良好的生活习惯,极大地提升大众的生活质量。

2.休闲体育成为大众生活化的体育追求

休闲体育与竞技体育不尽相同。竞技体育是对运动成绩的高标准、高规范,其关注点在于运动的恒久价值,看重技巧性、比赛性和竞争性特点,因此造成了其不断超越对手、超越自我的不竭推动力。休闲体育则是大众放松身心、享受自由的生活化体育,它的目的在于满足人们的业余生活中锻炼与休闲的需求。它追求趣味化、个性化,追求健身强体、娱乐身心,而不非常重视运动的技术水平。因而,以关注人们的健康和生活态度以及人的生命质量为出发点的休闲体育更容易进入百姓日常生活中，成为群众化的体育选择。

3.休闲体育成为大众休闲时代的重要内容

现代休闲体育是在现代工业社会中所产生的，与社会经济发展相适应的社会体育形态，它具有以下特点：

(1)现代性

休闲体育诞生于现代化时期，是工业文明的产物，其与工业社会中的大众群体相伴而产生。所以，显然不同于前工业社会中的民间体育和竞技体育等其他体育形态。

(2)教育性

休闲体育作为一种新兴、科学、有趣、基础广泛的生活方式，在人的群体化与现代化成长经历中，有利于形成完善的人格、积极的人生态度和道德水平，改变不良生活习惯。

(3)大众性

休闲体育面向广大群众，根本上是一种大众化的休闲生活方式。休闲体育是一种个人时空的拓宽，其存在过程也是从个人行为向群体行为改变。

(4)娱乐性

休闲体育寻充分引导和带动人们寻找自己的感受，让人们注重休闲、游乐这些生活趣味以及由此带来的运动体验，使人们懂得“生命在于运动”“玩的就是心跳”，通过这种感官刺激使人活得更轻松和惬意。

三、休闲体育影响下的生活方式几点思考

(一)从心理学角度认识休闲体育生活化发展的本质

1.休闲体育健心作用促进其生活化发展

在21世纪的今天，中国的体育需求正在发生巨大变化(由最初的群体性政治需求转向人自身发展需求)，只有让体育与休

闲娱乐相结合、相适应，才能使其真正成为可以适用于健康生活的助力。体育本身作为一种人类社会积极维护自身健康的行动，一直都代表着人类的文化底蕴和对理想的不懈追求，它所弘扬和表达的是自由平等和谐友爱等普世价值观。体育作为一种“玩”的文化，通过给人带来欢乐、给参与者以终极人文关怀，反映出其作为文化的真正魅力；而休闲作为一种积极品味生活的形式，是一种人生的境界与追求，是人类社会文明发展达到一定程度的标识，它具有自己的文化特色。休闲注重对大自然直接感受的身心体验，体现了生态、人文的文化内涵。

休闲体育的运动形式决定了它的娱乐性，而且又可以使人回避因失败而产生的消极情绪对心理的伤害。从事休闲体育运动的人不必肩负胜负成败的责任，正因此才能够不产生任何精神或体能上的压力。休闲体育更吸引人的是其本身的趣味性。当今社会由于快节奏的生活和工作，人都或多或少有心理紧张和身体疲劳的情况。为了缓解心理紧张和身体疲劳，人们有时会选择在野外进行休闲体育活动如郊游、散跑、游泳等，通过这些活动人们既可以欣赏大自然美丽的景色，又能体味到休闲运动的无穷乐趣，从而感受到一种明快、乐观的情感体验。这些带给人的愉悦和感受是无法用语言表达的，只有亲身经历才能感受休闲体育的乐趣。心理学家研究表明，休闲体育给人的身体健康带来的作用，体现在喜悦的情绪可以医治人的心理抑郁，刺激腺体的分泌，增强身体的活力。

2.休闲体育提高生活幸福感促进其大众化发展

在实际生活中，人的幸福感主要来源于良好的交友和广泛的人际关系。心理学家通过研究发现，20 世纪 30 年代以来，人们的生活水平和财富积累一直是呈上升趋势的，但幸福感的提升并不十分明显。著名心理学家克林格曾经做过一个广泛的调查，大多数被调查者在接受受访过程中也表示人际关系的重要性对他们而言比成功和地位更重要。因此他通过研究得出结论良好的人际关系对于人生活的幸福感影响最大。在主观幸福感的指标中，生活幸福感十分重要，它也经常被作为单独进行心理健康研究中的指标。由于生活幸福感与休闲体育活动有着密切的关系，一直以来休闲体育活动都受到研究者的极大关注，而其能够提高生活满意度更是被许多学者肯定。Berger 研究老年人生活品质时发现，通过参加休闲体育活动，老年人不仅能减少压力、焦虑及沮丧，还可以提升生活品质，从而对老年人的人格、生活幸福感、自我效能、自我概念、个人形象等皆有正面的效应。其他研究者如 Riddick、Daniel 和学者朱坤连也通过研究发现，休闲体育活动是影响退休妇女、公务员和家庭主妇生活满意度的最重要的因素。另有研究显示，参加休闲运动的时效与生活幸福感具有着正相关关系（参与时效愈高，其生活幸福感愈高）。（二）生活化的休闲体育具有统一性

1. 生活化的休闲体育可促进人与自然的统一

通过参与休闲体育，人可以使自己和自然界的联系更加紧密。自然界影响人的主要方式是一直存在的客观规律，而人对自然界则带有主观能动性的影响。休闲体育所体现出来的，便是参与者在和自然界的接触、共处、获得的过程当中，经过勤奋勉获得自身的满足，通过自然界收获对人生历程的体验，并使得个人得到磨炼和提高，个体的内在精神以及个性得到张扬和升华。这同时又反过来影响了自然界，尤其当个体生活能够有一定的物质基础和精神内涵时，个体在精神上就会有和大自然融为一体的感觉。这样，人在休闲体育运动中与自然近在咫尺，相通相连，水乳交融。

2. 生活化的休闲体育可促进生理和心理的和谐统一

统一原本便是活动本身与人的心情相互协调，经过身体活动产生愉悦的心境，而愉悦的情绪又反过来促进身体的健康程

度的提升。通过身体活动来增进健康，调控人的心理状态是休闲体育的最大价值。通过产生愉悦心情从而增强人身体机能也是休闲体育的重要内容，对于每一个运动项目来说，是被动参与还是主动参与，其锻炼效果肯定一定是不一样的。人如果被动参加体育运动，从运动中感到愉悦的几率较低，因此也就没有积极性可言了，同时还难以持久；而如果人愿意主动参与某种体育项目，大多是因为爱好，有时于是便更容易激发出愉悦，从而产生继续运动下去的强大动力。在这种愉快心理的有力支持下，人的生理活动能力和心理承受能力将会得到有效的增强。因此，自由地选择运动项目，自我支配活动方式，对于人们在休闲运动过程中保持一种轻松，欢畅的心情是十分必要的。综上我们可以得出，休闲体育对健康的功效无疑是十分显著的。

（三）参与生活化的休闲体育应该注意度和量

因为休闲体育是一种人进行身体活动的过程，并且直接关系到人的身体健康并产生影响，所以对它有量化标准是非常必要的。美国疾病控制和预防中心建议人们应针对自身的情况、需求和爱好来进行规律性的休闲运动，建议运动量为适中强度的运动，时长为每天至少半小时。美国运动医学学会建议人们可以使用耐力运动的方法来锻炼，从事这种运动时，运动心率为最大心率的 60％～90％，每次持续时间从 20 分钟到 1 小时，一周锻炼 3 次以上。这些推荐的运动量并未分男女，很多指标是基于男性受众人群而制定的，那么其他的人群则需要根据自己的爱好和运动能力选择自己合适的休闲运动方式。有的研究表明，有规律的中等量的运动对身体健康是有好处的，而不持续的、较短时间（至少 10 分钟）、以体力运动的积累（约 40 分钟/天）为主动运动方式，也同样有益健康并身体素质。休闲体育的所有形式可以涵盖以上的运动方式，这充分说明其对人身体的保健效果。另外以慢跑为主，辅以老年健身操的运动形式，对降低中老年多种冠心病发作几率具有很明显的效果。

(四)理性认识生活化休闲体育在现实中的意义

任何事物的发展过程都是具有辩证性和两面性的。在平时生活中,群众在运动健体参加休闲体育的活动中,由于对休闲体育的了解不透彻,仅仅看到了它有利于人体健康的一面,而忽略了其局限性和偶然性,其实它和医疗保健不一样,和中国传统文化中的养生方法也不一样,我们千万不能认为休闲体育只会对身体健康产生正面的影响。

科学参与体育运动能够在一定程度上强身健体,这已经被科学研究多次证实。然而身体强健的人却未必能够百病不侵,长命百岁。这是因为人们在运动健身的同时,保健意识没有相应提高。在现实生活中,很多人在参加休闲运动的同时,因为趣味性强,往往会习惯性地不注意其是否安全,加上平时又缺乏自我保护常识和知识,一旦在运动中受到伤害就有很大可能性会长期遭受疼痛的煎熬,有的人甚至因此而失去了性命。造成这些问题的关键因素,其实还是在于我们自己在运动过程中缺乏自我保护,在认识体育保健上存在重大的误区。一些属于常识性的运动保健,能真正认识其重要性的人不多,更别提合理运用知识来避免受伤了。我们针对经常参加休闲体育运动的北京市居民做了问卷调查,共回收 100 份有效问卷,统计结果是这样的:(1)运动前有充分做热身运动习惯的人仅有 38%;(2)平时有专业运动服装的人有 86%;(3)会注意运动场所选择的人有 62%;(4)酒后不运动的人仅有 32%;(5)经常做身体例行检查的人仅有 15%;(6)运动后常会做恢复放松运动的人有 26%。这些数据某种程度上反映了我国群众在对待自身运动安全上十分淡薄,缺乏运动保健知识,并认为休闲体育就是去“玩玩”,对身体有益无害。俗话所讲的“福祸相依”,说的就是世上任何事物都可能具有两面性。所以我们要科学地认识休闲体育运动,从而避免意外伤害事故发生。

速度滑冰运动技术的练习方法

速滑运动员的基本能力是指:基本掌握直道、弯道、起跑、急跑等技术。顺利地滑跑各项距离的能力。

1.初学者

速滑课程的实践表明,初学速滑,平衡是基础,蹬冰是中心,弯道是重点。因此初学者的练习,只有紧密地围绕着这三大部分来进行,才能更加高效地提高技术水平。

(1)陆上穿冰刀站立:穿冰刀(带刀套),在平坦地面上、水泥地面上站立、蹲起、踏步、移动重心、单脚支撑等,体会和尽快掌握冰刀窄刃支撑的身体平衡。

动作要领:冰刀立起来,平刃支撑;体重交替移到支撑冰刀上,重心通过冰刀刃的中部。

(2)陆上穿冰刀走步:穿冰刀(带刀套),在平坦地面上,向前、向后;向左、右交叉步走;向左、右转走。逐渐延长走步的时间和走步的距离,以提高平衡能力、提高踝关节能力。

(3)陆上穿冰刀平衡:借助同伴的帮助或自己手扶器械,保持滑行姿势做单脚支撑平衡练习。逐渐延长单脚平衡的时间,并且不断提高平衡的动作质量。

动作要领:低姿势、支撑腿蹲屈至最大限度,鼻、膝、脚成三点一线;体重完成移至支撑冰刀的平刃中部;浮腿保持在后位中心面上。

(4)陆上穿冰刀移重心:在同伴的帮助下或手扶器械,保持滑行姿势,做向左、右侧方、交替移动重心练习。体会重心的移动交接。

动作要领:上体、臂部平行移动;移体重后,在左、右侧均应成鼻、膝、脚三点一线;两膝立求前顶、腿部主动屈伸接体重。

(5)冰上站立:动作方法、要领、易犯错误同陆上穿冰刀站立。不同的是在冰面上进行。

(6)冰上走步:动作方法、要领、易犯错误同陆上穿冰刀走步。不同的是在冰面上完成。

(7)冰上滑跑姿势:原地上身前倾至与冰面平行,放松团身,头正、目视前方10～20米处。腿深蹲,膝关节约成90°,踝关节约成55°,平稳静止不动。弯道姿势,身体向左倾斜,左刀外刃支撑。逐渐延长保持正确姿势的静止时间。此练习待有一定基础后,在滑动中借助惯性完成。

动作要领:上体放松,团身;腿部膝前顶、臀后坐、重心通过冰刀的中后部;双膝、双脚并拢;弯道姿势,重心偏于左外侧。

(8)单蹬双滑:单脚蹬冰双脚并拢滑行。两脚交替滑行。弯道转弯,右脚向外侧蹬冰,双脚并拢滑行。在场中小圆周上,适当增加此练习。

动作要领:直线双脚平刃支撑滑进;转弯重心左移,左脚外刃右脚内刃支撑滑进。

2.直道滑跑

(1)蹬冰动作

同蹬同收:从蹲屈的滑行姿势、两脚冰刀同时向身体的侧方伸展蹬冰,直至充分伸直。收回两冰刀尖相对内扣,带回。在20～40米距离反复练习。

动作要领:向身体的正侧方蹬冰;双脚蹬、收同步活动;两冰刀不离开冰面,始终保持平行移动。

单脚侧蹬:从深蹲屈的滑行姿势起,向前移动中两脚交替向身体的侧方蹬出,直至充分伸直。收回时刀尖回扣,大腿内侧自然带回。在20～40米的段落内反复练习。

动作要领:两冰刀不离冰,始终保持平行移动。蹬冰方向始终保持在身体的正侧方。

移动重心:从深蹲屈的滑行姿势开始,助跑几步借助惯性滑进,身体重心大幅度地向左、右来回移动。在 50～100 米的段落内、反复练习。

动作要领:体重完全移至支撑冰刀上,成鼻、膝、脚成三点一线;两脚冰刀保持平行滑进;移重心时,原支撑腿压冰,推动上体的移动。

(2)单腿平衡滑进

单腿滑进:一腿连续蹬冰,另一腿连续滑进。在 60～100 米的直线段落内,两腿交替反复练习。

动作要领:后腿不间断地向后侧方蹬冰;前腿一直保持平刃支撑,不抬离冰面;体重保持在前腿上。

单脚平衡:保持深蹲姿势向前方滑行状态,一腿后伸,另一腿承担重心,借助惯性保持平衡滑行。在 40～60 米距离区间内两腿交替反复练习。

动作要领:体重完全集中于前脚冰刀支点上、鼻、膝、脚成三点一线;后引腿必须稳定地保持在后位中心面上。

侧平衡:保持深蹲姿势向前滑进中,体重完全集中于一腿上、另一腿大腿抬起。保持这种姿势惯性滑进直至停止。

动作要领:体重完全集中到支撑冰刀支点上;浮腿抬起后静止不动。

(3)摆臂动作

慢速中摆动配合:经深蹲屈的滑进姿势,慢速滑进中、两臂与两腿协调配合的练习。

动作要领:展腿摆臂;收腿收臂;臂、脚动作同步。

快速中摆动配合:开始动作同上。待慢速中动作协调起来后,逐渐加快节奏、提高频率,提高滑速,直至最大速度。臂、腿在快速中得到协调配合。

3. 弯道滑跑

(1)弯道倾斜姿势

惯性倾斜转弯:从直线加速滑入弯道、当滑入直弯道交界线,身体果断地向左倾倒,重心迅速左移,双脚并拢,左脚用外刃、右脚用内刃支撑身体,保持这种姿势,顺着圆弧向前惯性滑行,直到降速停止。滑行越大倾斜滑进距离越长。反复练习。

动作要领:入弯道速度要大;倾斜动作迅速、果断、身体的重量移至左脚承担,重心投影点要保持在支点的左侧。

右脚蹬冰倾斜:从小圆周加速后,右脚反复向圆周外侧方蹬冰,身体顺势反复向左移重心倾倒,左脚反复用外刃支撑滑进。右脚力求全力蹬冰,提高滑速,以加大身体的倾斜度。

动作要领:身体倾倒借助于右脚向外侧蹬冰的力量;左脚始终不离冰,以外刃咬住冰面支撑滑进。

双人牵引倾斜:动作同上。不同的是同伴在外侧牵引与保护的情况下,以更大的倾斜度完成。

动作要领:双人手拉手牵引,倾倒动作应与牵引力量协调配合,其他要领同上。

左脚外刃平衡:从直线助跑入弯道。当右脚最后一步蹬冰完成时,身体果断向内侧倾倒,准确地用外刃支撑身体,力求单脚维持平衡,惯性滑进。速度越大,倾斜滑进越长,反复练习。

动作要领:身体重心投影点在支点的左侧方;全部体重的压力中心在左脚冰刀外刃中部。

(2)弯道蹬冰

交叉步蹬冰:半径 6～8 米的小圆周上,起速后左脚用外刃支撑滑进,当右脚冰刀从左脚冰刀上方越过之时,左腿压冰,同时伸展髋、膝、踝关节蹬冰,右脚冰刀在左腿即将伸直之时着冰,成交叉步状态完成交接体重。反复练习。

动作要领:左腿外刃平稳支撑;左冰刀蹬冰方向沿离心力方

向;右腿冰刀在左脚冰刀的左前方用内刃着冰。

易犯错误:左脚外刃支撑不稳,短促蹬冰。后蹬冰、刀尖蹬冰。

左腿体重蹬冰:在半径6～8米的小圆周上滑行,当左腿蹬冰时,充分利用自身体重,集中地压向左冰刀外刃中部。随之左腿髋、膝、踝关节急剧伸展,直到充分伸直,浮脚着冰承担体重。反复蹬冰练习。

动作要领:体重自始自终保持在蹬冰的左腿上;浮腿协调配合蹬冰腿的用力。

右腿体重蹬冰:同上。不同的是右腿完成。

弯道滑跳:从滑行中完成。弯道左、右腿蹬冰是用快速爆发力量,以大幅度的跳步来完成。从直道入弯道后,从场中小圆周上,均可完成这一练习。弯道滑跳,需要很强的腿部力量和较高的平衡能力。

动作要领:蹬冰腿发力时用全力;浮腿协同配合蹬冰腿发力;用冰刀中间在身体的前侧方完成蹬冰;落冰时屈膝缓冲,平衡支撑。

(3)弯道摆臂动作

慢速滑行中臂腿配合:在场中小圆周上,高姿慢速滑行中,臂、腿向行走时一样,自然、协调配合。

快速滑行中臂腿配合:在场中半径为8～10米的小圆周上,从慢速滑行中的摆臂开始,待臂、腿动作协调后,两臂紧贴身体摆动。注意胳臂与腿部的配合,伸腿甩臂、屈腿屈臂;蹬冰终止,臂摆至最高点;收腿收脚结束;臂回落至下垂点。

易犯错误:左臂摆动幅度过大;左肘部外展,向侧方摆动;右臂摆动无力;臂、腿配合不协调。

4.起跑

(1)预备姿势:当听到“各就各位”的口令时,及时到起跑线与预备起线之间直立站好。当听到“预备”口令，两腿下蹲，重心偏前，静止等候鸣枪。

动作要领：两冰刀支撑牢固、重心偏前；做好“各就各位”和“预备”时的两静止。臂有力配合摆动，身体向前冲出去。

(2)疾跑：用踏切式步伐、用最大力量，切跑 8～10 步。力求在最短时间内发挥项目速度。

动作要领：冰刀尖外转要大；用最大力量全力后蹬；采有爆发性力量快速切跑；步伐要大，用力前跨。

(3)衔接：用“八字步”用力切跑 8～10 步后，放松两步、降低姿势、调整步伐、调整节奏，向低姿势、大幅度、侧蹬冰、直线性强的作业中滑跑过渡。

动作要领：借助已获得的惯性速度，不降速度放松调整；有机衔接，自然过渡。

(4)完整的起跑练习：各就位、预备、鸣枪起跑、疾跑、衔接、途中滑跑。100 米×6～8 次。200 米×4～6 次，500 米×1～2 次。

二、滑雪运动

(一)滑雪运动的分类

雪上运动是使用滑雪板或者其他设备在滑雪场地上进行的多种滑行动作。它包含实用滑雪、竞技滑雪、旅游滑雪和探险滑雪。

1. 实用滑雪运用在林业、边防、打猎等领域滑雪场，现在大部分已经被机械设备所取代，逐步失去过去的作用。

2. 竞技滑雪是把滑雪提升为在指定的环境下，发挥竞赛的功能，实现竞赛的目的。竞技滑雪是现今冬奥运动会的比赛项目，包括高山滑雪、越野滑雪、跳台滑雪、自由式滑雪、冬季两项、北欧两项、有舵雪橇和无舵雪橇。冬奥会高山滑雪竞技项目包括:回转、大回转、超级大回转、滑降和高山全能。

3.娱乐健身(旅游)滑雪是为满足现代人群生活、运动需求而得到迅速发展的群众性滑雪。大众滑雪运动类似于高山滑雪。纯竞技的高山滑雪具有显著的竞争性、专业性,准入门槛相当高,非普通人所能适应的。旅游滑雪是出于娱乐、健身的目的,很少受到人为因素制约,不分性别年龄均可在滑雪场上愉悦地滑行,尽情享受滑雪运动的无限快乐。由于高山滑雪具有刺激、优雅、飘逸、动感、激烈、参与人群广的特点,故高山滑雪被人们视为滑雪运动的精粹和代表,更是旅游滑雪的首选和主体项目。一般情况下,评价人们滑雪技术水平的高低,常用高山滑雪为标尺。因此,初学滑雪者只适合采用缓坡和中坡进行练习。

(二)高山滑雪的特点

高山滑雪的标准比赛项目有:滑降、超级大回转、大回转、回转、全能等。高山滑雪的动作类型很多,例如各式的滑降技术,多样化的转弯技巧,急加速、急停、骤减技术,高难度的跳跃技术及高级滑雪技巧等。一般说来,高山滑雪运动有如下几个特点:

1.高山滑雪是借助山体坡度向下滑动,速度比较快,需要运用特制的雪板、雪鞋及雪杖。

2.高山滑雪是从高海拔向低海拔的速降运动,位移的主要能量是由海拔高度差形成的重力势能,滑行者几乎无需借助用自身的力量去蹬动滑雪板就可获得滑下的动力。

3.若按照自己预定的路线滑降,就要学会有效地控制速度,随意地改换方向,调节弯度的大小。

4.高山滑雪是富有挑战性的运动,时常参与滑雪运动,能大大强化御寒能力,提升健康水平,尤其会有效地提高灵活、协调、平衡和判断能力。

(三)滑雪时的注意事项

1.刚到雪场时应先观察雪场的基本情况,熟悉雪道的高度、坡度、长度、宽度及周边的情况,要按照自己的水平筛选适合的滑道,初学者要夯实基础,在初级雪道上练习好基本技术。

2.在滑雪时,要谨记与其他滑雪者保持一定的距离,防止发生碰撞。人员密集时应控制好速度不要太快。在中间休息时要停于滑道边,禁止长时间停留于陡坡下,并时刻注意从上面滑下来的滑雪者。

3.滑雪前要进行一些简单的准备活动。滑行中若不小心跌倒,应快速降低重心,向后摔倒,不可失控挣扎,可抬起四肢,屈身,随其向下滑动。要防止头朝下,更要绝对避免翻滚。

4.雪地上紫外线反射强烈,必须戴上护目镜来保护眼睛。镜架最好为塑胶制品,镜片色彩以黄色或茶色为佳。

5.乘坐缆车时要严守规则,不要在缆车上嬉戏打闹。使用牵引时,若感到身体丧失平衡,应快速松手,并就势摔倒,尽快移至半米之外的雪道上。

(四)高山滑雪的基本技术

1.不着雪板的练习

穿着雪鞋之后,因为雪鞋的鞋靿比较高,踝关节的活动空间很小,移动受限,为了快速适应雪鞋及提升对雪上运动的兴趣,可进行不拿雪杖单穿着雪鞋进行的一些游戏,例如打雪仗、抓人等,也可借用小坡进行了滑降及打爬犁等行动。依靠各种游戏及活动,让初学者在无意识中提升对雪鞋的适应性,增加对雪地的兴趣。

两手持雪杖进行有支撑的走或慢跑的练习,体会雪杖与运动的配合。稍习惯后可以结合进行一些有关练习,如:侧向并步走,利用坡面进行些蹬坡的练习。

2.着单板的练习

着单板的练习指的是一脚穿雪鞋、另一脚着雪板，靠雪鞋脚的蹬动及雪板脚的支撑及滑动，逐渐地增进对滑雪板和雪板着雪感觉的体验及加强平衡技巧和感觉。有各种各样的练习方法，但是要根据自身情况循序渐进。

3.着双板的练习

在穿雪鞋及着单板练习的基础上，可以进入着双板练习的阶段。此阶段主要任务是在适应双板与雪的感觉的基础上，能够尽量地灵活运用雪杖。着双板的练习应包括原地动作、滑行、原地变向、蹬坡、停止、安全摔倒与站起。具体练习方法如下：

(1)原地动作：穿上双板后可利用下面的练习来掌握雪板

①不同程度地蹲下站起。

②双板平行开立，上体向左右倾斜。

③双板并拢，身体不同幅度地稍屈向前、后倾及后仰。

④单脚抬起(交换)。

⑤双板平行同时向左、向右跳越。

⑥双板尖并拢，双板尾向左、向右跳动。

(2)滑行

滑行优先选择在平坦雪面进行练习，为的是进一步熟悉滑雪器材，争取能够实现人与雪板的协调一致，练习方式有走、滑行、双杖推进滑行及双杖推进滑行到停止。

(3)原地变向

原地变向指的是滑雪者在平坦地面或坡路上在非滑进状态下状态的改变方向。初学者只有学会了原地改变方向之后才能得心应手地进行各种练习。

①板尾、板尖展开变向

板尾展开变向和板尖展开变向多见于较平坦的雪面，其方法类似，一些人也把这两种变向方法叫作“原地踏步变向”。

动作要领：板尖展开变向和板尾展开变向两种方式都要把握好雪杖的位置，板尖展开变向时雪杖应该支撑在身体前侧。雪板展开角度不应该过大，对雪板的熟悉程度提高后再渐渐扩大展开的距离。在展开雪板时，中心要放置在支撑腿上，体重的移动要快。

②180°变向

这种技巧多用于中、陡坡，其特征是变向速度快。按照变向方向还可分为前转180°变向和后转180°变向，将前转180°变向动作由结束部分倒转逆向开始部分相反进行，即为后转180°变向。

(4)蹬坡

蹬坡是指滑雪者穿着雪板蹬上山坡的技术动作。蹬坡因个人技术、雪地情况、坡度和蹬坡者体力的不同而应该选用不同的方法。蹬坡从雪地痕迹上可以分为直蹬坡、斜蹬坡和Z字形蹬坡；从雪板的形状上又可分为双板平行和雪板成V字形蹬坡。

双板平行蹬坡可以被运用于多种坡面，蹬坡者侧对垂直落下线，可借助雪杖帮助蹬坡。双板平行蹬坡可用于直蹬坡，也可用于斜蹬坡。

动作要领：①向坡上迈步的步幅不要过大，保持双板指向基本平行，重心随之移动到上侧板上，接着下腿向上腿靠拢，并用内刃刻住雪面。②下侧板内刃刻住雪面后，再进行第二步的蹬行。

V字形蹬坡一般用在缓、中坡。蹬坡者需面向蹬坡方向，垂直向上蹬行。

动作要领：面对山坡，用滑雪板内刃刻住雪面，身体中心向前，向前上方有节奏迈出雪板，步子不要过大，防止板尾交叉，向上同时用雪杖帮助支撑，可用手握住雪杖握把的头。在向上蹬坡时重要的是板内刃刻住雪面后移动重心。

(5)停止

初学者在滑道上往往速度逐渐加快难以控制,即便是场地条件比较畅通平整有时可能中心不稳发生摔碰。所以,学会如何有效减速、停止,加强对雪板的掌控能力不论是对自己或是他人的安全、还是练习其他难度更高的技术动作都有好处。从滑道下滑的关键是保持平衡。减速或停止是依靠调整雪板使雪板与前方成一定的角度或完全横对前进方向的同时,增大雪板立起角度以加大摩擦力来完成的。停止的具体技巧很多,下面简要说明比较容易掌握的犁式停止法。

动作要领:在滑降中使雪板内扣成犁状;重心稍微向后压下,形成稍后坐姿势的同时两板尾蹬开,可以将雪板向内立起、使得两侧内刃刮雪能力加强。逐渐加大板尾向外侧的立刃和蹬出力量直至停止。

(6)安全摔倒到站起

①安全摔倒

滑雪中,初学者难免会摔倒、擦碰,不管是优秀运动员还是初学者,摔倒时都有内外两种因素影响,摔倒滑雪时发生外伤的主要原因。对初学者来说,必须要掌握好安全摔倒及保护姿势还有倒后怎样自己站起。

安全摔倒的方法是:在身体失去平衡情况下,尽力避免挣扎,快速屈膝稳定重心,两臂自然伸开,臀部向侧面坐到,两雪板稍抬起,防止向坡下翻滚。在完全停止前切勿伸腿或使雪板某一部分着雪,并保持稍团身姿势。

②站起

摔倒后怎样站起来也是初学者要学会的技巧,摔倒在很多情况下是不受控的,也有可能出现摔倒后头朝下的情况。怎样能够尽快站起来,则应该根据场地的情况灵活的采用处理方法的方法。在山坡上摔倒后,第一步要搞清头指向什么方向,随后调整身体身体让头朝山上、雪板朝山下方向，形成侧卧状态。接着是支撑起上体形成侧坐，收双板时使双板横对山下方向，尽可能使双板靠近臀部并用山下侧板外刃刻住雪面，再用手或雪杖支撑站起。

三、轮滑运动

（一）轮滑运动的概述

轮滑运动曾经叫做旱冰运动，以区分于“水冰”。轮滑运动指的是指穿着带有四个轮子的轮滑鞋在平整、结实的硬地上滑行的运动。轮滑的类型类型可以分为速度轮滑、花样轮滑、轮滑球和极限轮滑等。速度轮滑很好地表现了速度和力量的糅合，轮滑球具有竞争性、对抗性。而花样轮滑是在音乐伴奏下，把跳跃旋转和步伐与优雅的舞蹈动作有机地组合在一起的经常表演，让人陶醉在美丽的“舞姿中，而极限轮滑更为一种青年人喜欢的时尚和都市文化的表征。多参加轮滑运动，对改善人的心肺功能、增强身体的肌肉力量、提高身体的协调性和平衡的能力，有着很好的促进作用。同时，对培养机敏、顽强的品德也有良好的影响。它既可以丰富人们的业余生活，又能陶冶人们的情操。

1815 年，法国人加尔森创造了轮式溜冰鞋；1863 年，纽约人詹姆士・普利顿对溜冰鞋进行了改进，并开办了世界上第一个溜冰场。1924 年，国际轮滑联合会在瑞士成立，现在本部设在美国。我国在 1980 年 9 月加入国际轮滑联合会。

（二）轮滑运动安全常识

1. 遵守轮滑场制定的规章制度。

2. 应该在练习前做好各部位热身运动，尤其是下肢各关节的活动。

3. 轮滑鞋大小要适宜，扎带要松紧适度。并要经常检查轮滑鞋是否有损坏或螺丝是否松动等。

4.禁止做危险和防碍他人的动作,如几人拉手滑行。在速滑跑道上逆行,追逐打闹,突然停止等。

5.在场内禁止吃带皮、核食物,乱扔杂物,扔烟头等。

6.要跌倒时,不要过分挣扎,要屈膝降低重心,用双手撑地减缓冲击力。来不及用双手支撑时,可团身、收腹、将身体团成球形,双手做出护头保护动作,防止摔伤。

7.患有心脏病、高血压、传染病、精神病等严重疾病及酒后不要进行轮滑运动。

(三)轮滑运动的练习方法

1.路上模仿练习

(1)基本姿势

身体略前倾,膝关节弯曲成140°左右、小腿微前弓、脚踝成80°。全身呈放松状态,两脚相距15～20厘米,重心落于两脚间。完成基本姿势后,将身体重量移至一只腿上,另一腿不担负体重,静蹲10秒后更换另一脚支撑。

(2)侧蹬练习

在基本姿势基础上,移动重心至另外一侧,另一只腿向一侧平行伸出。蹬直后依靠大腿带动小腿复归原位,换另一腿侧出。要求:重心放在支撑腿上,膝盖位于胸下。

(3)侧倒练习

做好基本姿势后,上体同时向一侧倾倒,同侧脚在胸下随之向侧移出2～3脚的距离,并立即支撑体重。另一腿蹬直后并拢成基本姿势。再向反方向做。

(4)直道滑行完整技术模仿练习

在侧倒的基础上,当一腿蹬地结束向支撑腿收回时,大腿带动小腿后引再收回,熟练后,每次侧道着地点落在支撑脚的前侧方半脚——脚是距离,连续做。

2.熟悉轮滑鞋的性能

(1)基本站立

①“丁”字站立。两脚成“丁”字靠拢站立。前脚跟靠住后脚弓,膝盖稍弯曲,重心略放于后脚,上体微微前倾。

②“外八”字脚站立。两脚尖外展40°～50°成“八”字,两脚跟靠拢。上体略向前,膝盖稍屈,重心落在两脚间。

③平行站立。两脚平行分开稍窄于肩,脚尖稍内扣,膝微屈,上体稍前倾,重心落在两脚间。

(2)原地移动重心练习

①原地两脚平行站在左右移动重心。

②两脚前后站立前后移动重心。

③原地踏步走练习。

④原地单足站立练习。

⑤原地蹲起练习。

⑥各关节绕环,压腿,各种体操等练习。

⑦原地跳踢分、并腿练习。

⑧原地跳起转体练习。

⑨原地两脚前、后滑动。

⑩原地踏步跑练习。

(3)迈步移动重心练习

①向前“八”字脚行走或跑。

②横向左、右迈步移动练习。

③横向交叉步移动练习。

④倒退走移动练习。

⑤圆形或“S”形向前、向后走步移动练习。

(4)初步滑行练习

①走步双滑

在向前走几步产生惯性的基础上,二脚平行站立向前滑行。

②单蹬双滑

两脚站成“外八”字姿势，右脚内侧蹬地，重心移至左脚上，右脚蹬地后迅速与左脚并拢平行站力滑行，两脚交替反复进行。

③单蹬单滑

在单蹬单滑的基础上，逐步缩短双脚滑行时间，直至单腿支撑身体向前滑行。

④单脚连续蹬地，另一脚支撑绕圆圈滑行。

⑤惯性转弯。向右转弯时，右脚略靠前，左脚靠后，重心落在两脚尖间前 1/3 处，右腿略弯曲，左腿直。身体重心向右倾斜，重量压在右脚和左脚的右侧轮处，借助滑行惯性向右滑出一较大弧线，身体就会向右弯了。向左弯曲时，动作方向相反。

⑥沿圆弧做不连贯的交叉步滑行练习。在弯道上每做几个幅步的直线步伐，做一次弯道的交叉步。身体向左倾斜，左腿支撑体重。右角蹬地后以大腿带动小腿向左脚的左前侧方迈步，迅速承接体重。熟练后逐渐增加交叉步的次数。

⑦连续弯道压步练习。从高重心姿势逐渐过渡到低重心姿势，沿不同半径的圆周或弯道做连续压步练习。

(5)倒滑方法

①单脚“S”形倒滑法。两脚前后开立相距 30～40 厘米，腿部放松，微屈膝关节，上体直立稍转体、转头看后方重心落在两脚间后三分之一处。前脚滑“S”形曲线，后脚滑直线。蹬地时，前脚膝关节内扣、以轮子内侧刃蹬地，沿弧线收回时后脚跟梢抬起。反复推进，收回后滑行。

②双脚八字型倒滑法。上体直立稍转体，转头看后方，重心落在两腿中间稍偏后。二脚内“八”字时，同时用内刃蹬地，用外“八”字收回，后轮可稍浮起。

③双脚交替倒滑法。姿势同上。右脚内刃向右侧前方蹬地时，重心移到左腿上，向左后方滑行，两脚交替蹬地，向后倒滑。

④倒滑压步法。向右压步时右脚在前外，左脚在内后，向左压步时，左脚在前外，右脚在内后。前脚以内刃蹬地，重心向内倾斜，后脚从内向外后方以外刃蹬地连续进行。

(6)制动法

①惯性转弯减速法

②“T”，字形制动法。在向前滑行中，重心放在左脚上，右脚抬起，横放在左脚后成“T”形右脚的内侧轮横向与地面摩擦，重心逐渐移向右脚，加大摩擦直到停止滑行。

③双脚平行制动法。身体迅速向一侧转体 90°并带动双脚迅速转动 90°，双脚平行分开，同时身体重心急速降低并后留，右脚前伸形成反支撑可突然停止。

④倒滑制动器制动法。向后滑行时，身体稍前倾，两膝弯曲，两脚跟逐渐抬起以脚尖前下放的制动器压紧地面，摩擦减速制动。正滑时，可做转身接倒滑制动。

3.提高速度轮滑能力的方法

(1)直道滑跑练习

①滑跑姿势。起速后成滑行基本姿势，借助惯性滑行。

②单脚平衡。起速后成滑行基本姿势滑行。

③移动重心。滑行中成侧弓步，二脚平行，重心在二脚上来回移动，胸应在支撑脚正上方，鼻、膝、脚三点一线。

④倾倒滑行。依靠身体向内倾倒，推动重心前移滑行。

⑤侧蹬收腿。慢滑中，反复体会侧蹬、后引、收腿动作。

⑥利用体重蹬地。滑行中延缓浮腿着地时间体会依靠体重蹬地。

⑦交接体重。滑行中，尽量缩短双支撑蹬地时间。

⑧动作协调性。两臂与两腿的协调配合。

(2)弯道滑跑练习

①倾斜姿势。直线加速助跑入小圆周。身体迅速内倒，二

脚着地,沿小圆周惯性滑进。

②左腿倾斜支撑。身体倾向圆心上,左腿支撑滑行,右腿反复蹬地,力求延长左腿支撑滑行时间。

③交叉压步滑行。

④左腿利用体重蹬地。体重压在左腿上,延迟做交接体重。

⑤右腿利用体重蹬地。

(3)滑跑技术的辅助性练习

①滑行中做单脚蹲起。

②两脚平行不离地滑行,上体平行移动。

③滑行中左脚向右脚侧迈、右脚向左脚做侧迈,连续进行。

④慢滑中,侧前弓步迈步。

⑤单脚支撑滑行跳起。

⑥小幅度滑跳练习。

⑦双足侧向跳、向上跳、向前跳。

⑧滑行中做各种姿势的平衡练习。

⑨分腿做侧分、前后分滑行练习。

⑩侧弓步,前弓步滑行练习。

(4)滑行能力的练习

均速长滑、利用出弯道速度滑跑、变速滑跑、小圆周滑跑、蛇形滑跑、低姿势滑跑、顺风逆风滑跑、慢滑中突然加速滑跑、追逐滑跑、拉力比赛等。

(5)起跑技术练习

外八字跑,多人站成一横队,听信号快速启动,背对滑行方向,听信号快速启动,比赛。

第七章　休闲时代下休闲体育的产业化发展

第一节　休闲体育的产业特征

一、“休闲体育产业”名词解析

早在1995年，隶属于澳大利亚体育与休闲委员会的数据委员会在两年的研究后，向澳大利亚统计局递交了《澳大利亚体育与休闲产业统计框架》一书，对“体育与休闲产业”的产业分类做了正式的界定，将其分为主体产业和相关产业。根据观察角度的不同，我们提出了“休闲体育产业”这一概念，它不是从企业供给方面观察问题，而是站在市场需求的角度，如“顾客能获得什么”等观察视角提出问题并得出结论，通过顾客的最佳“个人体验”来最大限度地博取市场。澳大利亚体育与休闲主体产业一般包括：主动休闲运动、组织的体育、体育与休闲服务、娱乐与被动休闲、博彩；而与其相关的建筑业、零售贸易、批发贸易、制造业、文化服务业、金融以及畜牧业、农业与渔业都可以界定为体育与休闲的相关产业。

根据我国的《文化及相关产业分类》标准并参照国际上发达国家关于休闲体育产业的定义，可以试对休闲体育产业做一个界定:由社会各相关部门提供的一切与休闲体育活动有关的产品和服务,且包括所有与这些产品、服务相关的经营活动的总和。

二、休闲体育产业特性分析

(一)休闲体育产业之产业基本条件分析

1. 现代化

体现休闲体育产业化水平的主要有休闲体育的经济现代化、休闲体育的文化现代化和休闲体育的社会服务现代化等三个方面。经济现代化是休闲体育现代化的经济基础。而文化现代化对休闲现代化有着更深层次上的影响。

2. 规模化

规模化是休闲体育产业化发展的必要基础,而大众化娱乐消费的形成是休闲体育业规模化的集中表现。

3. 市场化

市场化是休闲体育产业化的运作方式。

市场规模、市场取向、市场需求、市场真实这四个方面是市场化落脚点的主要表现。

(二)休闲体育产业之产业素质分析

产业素质可以被认为是某一产业在技术能力、市场能力、产出能力、管理能力以及获得能力这五个方面的综合体现。休闲体育产业化,既受国民经济产业素质这一外部条件的影响,也是由其自身产业素质高低这一内部硬性指标所决定的。对于“技术”,休闲体育产业一方面包括物质形态,称为“硬技术”,另一方面包括智力形态,称为“软技术”。“产出能力”在休闲体育业中的定义为:该行业所能提供的所有类型的休闲体育有关产品(具体包括服务的数量以及质量)。一般来说,市场能力和产出能力两者达到均衡状态为理想状态,也就是所谓的“供求平衡”。休闲体育产业在管理能力方面包括宏观管理能力与微观管理能力这两个层面。

(三)休闲体育产业之产品经济特征分析

1.产品的生产以及消费在空间和时间上不可分离也就是生产与消费的不可分性。由于绝大部分休闲体育的产品具有不可储存性,只能是边生产、边消费,如健身锻炼、球类运动等相关产品具有这样的特性,因此,如果与生产环节时间、空间上的同一性相脱离,那么休闲体育相关产品的价值就不能最大化地得以实现。

2.休闲体育产品在生产要素方面的供给弹性具有的特殊性是其价格变动对供给量变动的影响程度。一般来说,劳动力的供给弹性系数以及娱乐场馆的供给弹性系数都小于1,普通运动器材的供给弹性系数要大于1。

3.大多数休闲体育产品的生产要素在相互替代上的弹性较大,当某种生产要素在价格上发生变化后,那么另外一种要素可完全替代。例如,当健身房租用费用、健身器材价格等过高时,那么选用一般的运动器材或者只进行徒手运动就可以替代上述消费。

4.休闲体育产品的另一性质是其产品为最终产品。人们在购买和消费休闲体育产品时,大部分是为了得到最终消费需要的满足,因此休闲体育产品具备了最终产品的性质。

(四)休闲体育产业之休闲需求特征分析

1.时间性

休闲时间分布会影响休闲需求分布,且表现为较强的周期性。在我国,休闲需求集中出现在节假日,并且形成消费高峰期,出现了我们所谓的“假日经济”这一现象。某种程度上“假日经济”正是休闲经济的一种特殊表现形式。

2.时尚性

休闲需求为人们对非生存性资料的需求。当然,休闲需求也会受到种种社会文化思潮的影响。休闲需求在这里所呈现的特性为追逐流行,体现时尚。

3.个性

一方面,所谓“休闲消费”,就是人们为了满足其非生存性需求(如自我发展和个性彰显等)从事的各种活动的总和;而另一方面,作为休闲组织,在产品、品牌、服务等方面必须有个性,商家要想赢得主动就要满足人们的休闲需求心理。

4.层次性

一般认为现实需求和潜在需求是休闲体育需求的两个层次,潜在需求如要转化为现实需求,需要一定经济条件的支持。从结构的角度分析,活动需求、体验需求、环境需求、收获需求以及满意需求这5个方面构成了休闲体育需求,终极目标是各项需求都得到满足。

(五)休闲体育产业之消费者特征分析

1.年龄

在消费的重点方面,不同年龄的人对休闲产品的要求也是不一样的;同一消费者在不同的年龄阶段其休闲消费特征也是具有差异的。

2.性别

休闲消费同样受性别的影响。首先,不同性别在休闲体育消费上重点是不一样的。其次,因性别不同及社会角色不同而带来的职业、收入等的差异性对休闲消费同样具有影响。

3.文化程度

因人的文化素养不同,其休闲体育消费观念也不同。要想对休闲体育的功能、意义具备正确认识、理解,就需要较高的文化水平和素养,且能够提高其参与休闲体育活动的兴趣。而文化水平较低的人，一般对休闲体育的积极意义缺乏正确、全面的认识和理解，因而需要对他们加以引导。

4. 职业

一般来讲，从事较大工作量的人，更偏好一些轻松的娱乐性项目；脑力劳动者比体力劳动者有更多的娱乐兴趣。

5. 健康状况

身体情况较好的人，在选择自己喜欢的休闲体育项目上具有较大的自由度；而年老体弱或体质较差的人，在选择娱乐项目时还要受身体条件的限制。

三、我国休闲体育的产业特征

随着知识经济时代的到来，休闲体育产业聚集了越来越多国家的发展目光。美国的休闲体育产业十分发达，对美国国民经济的发展起到了重要的支撑和推动作用。当前，我国初步建立了社会主义市场经济，深化了体育体制的改革，休闲体育在我国的需求越来越旺盛。但也应该看到，休闲体育产业研究在我国依然是一个较新的学科，该领域研究的人员也较少，也正因如此，才出现了休闲体育产业发展的速度较快，但休闲体育有关的理论研究水平却呈现为滞后的尴尬。因此，深入分析我国休闲体育产业的特征是当前的迫切需要。

（一）休闲体育产业产值在国民生产总值中所占比重较低

我国仍处于发展中国家的行列，在休闲体育的整体水平上仅相当于当代最发达国家 20 世纪初期的休闲体育发展水平。从 1995 年的统计数据可以看出，人均体育场地面积在我国只有 0.6 平方米，而发达国家的人均体育场地面积已经超过 2 平方米，美国的人均占有体育场地的面积甚至达到了 14 平方米；同时，发达国家国民经济中第三产业比重占到了 60%以上，休闲体育产业在当中占有了重要的地位。一直以来，我国政府以及各级有关部门都在实行竞技体育“超前发展”战略，不可避免地忽视了在休闲体育方面的投入。

（二）休闲体育教育水平落后是阻碍产业发展的瓶颈

1.对休闲体育教育重视不够

长期以来，我国培养了大量体育竞技人才，而在体育产业经营方面的人才培养上处于忽视的状态，尤其体现在休闲体育产业人才培养上。中山大学学者在1999年就提议在我国高等院校设置休闲娱乐管理专业，而时至今日，这一专业在我国仍然处于空缺。在我国休闲体育场所的经营上出现的经营方式陈旧、内容单一、创新意识薄弱、营销理念较落后等问题正是由于缺乏人才导致的。

2.休闲体育教育课程设置不合理

我国高校中开设的体育课程偏重于健身与技能指导，而休闲和娱乐管理类课程较为缺乏，与体育消费紧密结合的市场会计、营销管理等商业类课程也较少，不利于培养体育产业的经营人才。

（三）休闲体育产业发展缺乏完善的管理体制

目前，休闲体育产业方面的管理机构在我国仍然没有建立。我国在经济体制改革之前实行的是举国体制，这一体制从20世纪50年代开始一直延续了四十年，这一时期的特点是政府行使全部管理职权，而主要的管理手段是相关的行政手段。因此，我国的政府与社会结合型体制是社会体育管理体制的必要发展形式，从宏观上来说，国家体育行政机构应通过建立科学的、切合实际的发展规划以达到有效的控制，微观上则要由社会各级相关体育部门、各种体育团体以及市场机制达到协调的目的。

四、休闲体育产业的功能

在全面建设小康社会进程中，休闲生活是幸福生活的重要指标之一，在促进人的综合素质提高方面具有重要的作用，在传播先进文化方面也扮演重要的角色。在目前的各种体育产业中，休闲体育产业占据了至关重要的位置。数据显示，当前美国在休闲消费上已达 2800 亿美元，是其国内生产总值的十分之一左右，体育产业中的休闲体育已成为国民经济的支柱性产业。虽然我国仍是一个发展中的国家，在整体生活水平上仅勉强达到了小康水平，与发达国家还有一定的差距。但我国东部大部分地区及沿海各省的大城市以及中心城市的经济水平已达到甚至超过中等发达国家的水平，使得我国部分居民，尤其是大城市居民，在享受休闲体育消费以及服务方面已经具有了一定的经济能力，这就使我国在今后发展休闲体育市场方面具备了一定的经济基础。我们相信，休闲体育在体育产业中的贡献将越来越大，所占的地位也将日显突出。

(一)有助于增强人民身体素质预防疾病，提高生活质量

美国政府发表的《体育活动与健康——卫生局的报告》指出，参加休闲体育运动有助于增强人民体质，预防疾病，提高生活的质量，同时可以有效减少患结肠癌的危险。加拿大政府在 1998 年发表的《加拿大体育》报告显示，体育活动能够降低一半患糖尿病的危险。休闲体育活动在预防心血管疾病、糖尿病、肥胖症、老年人骨折以及癌症等方面均具有良好的作用，能够节约相当部分的医药费用开支。

(二)有助于劳动力的再生产

休闲体育活动能够在很大程度上促进劳动力的再生产并提高劳动生产率。国外有关学者的研究发现，与不参加体育活动的劳动者相比较，经常参加体育活动的劳动者的劳动生产率平均高出了 0.6％～10％。澳大利亚体育联合会在 1998 年 2 月发布的《体育的经济影响》指出，通过提高体育活动者的参与率，能够使旷工率有效降低 14％～50％。

(三)有助于促进国民经济增长

在国外发达国家,休闲体育产业作为一种产业已经发展得较为成熟,并且,在体育需求和体育消费迅速增长的趋势下,休闲体育产业必然会不断繁荣,如体育旅游业、体育健身器材业、体育竞赛观赏业、运动鞋制造业、体育服装制造业、体育运动服务培训业等体育产业都相继应运而生。这些产业一方面为社会大众提供了多维度多层次的产品服务,另一方面也使社会大众在这方面的需求得到了满足。休闲体育产业对纺织业、机械制造业、营养品业、建筑业、电子业、食品业以及旅游业、博彩业、保险业、传媒业等相关产业的发展均具有一定的带动作用,体现了较强的产业关联效应。正是由于这种关联效应,才使得体育产业能够很好地叠加到其他产业中,创造出“1+1>2”的效果。这一较强的关联性同样使得体育产业在带动国民经济增长上具备了很好的潜质。

(四)有助于增加就业机会

休闲体育产业作为一种劳动密集型产业,能够提供相当数量的就业机会。1995 年,美国体育产业创造了 2332 万个间接就业机会以及 750 亿美元的家庭收入,还创造了 230 万个直接就业机会以及 521 亿美元的收入。1996 年,澳大利亚的体育行业工作人员数量已达到 95000 人,从事全职工作的人数为 44%。在我国,朱树豪投资 20 多亿元建立了深圳观澜湖高尔夫球会以及乡村俱乐部,使当地 2000 多农民的就业问题得到了解决,促进了外商投资和当地的经济发展。许多国家在 20 世纪 90 年代以后经济发展放缓,社会主要问题转变为劳动就业的问题,在此背景下,体育产业日益成为增加社会就业机会的重要途径之一。

(五)有助于社会的可持续发展和可持续消费

休闲体育产业发展一方面有利于促进劳动力的再生产,增强人们的身体素质及心理素质，另一方面更有利于和谐社会的构建，这是由于休闲体育产品在生产和消费方面都符合可持续发展以及可持续消费的原则：第一，人们参与休闲体育活动，能够得到适当的放松、调整，从而能够提高工作效率，也符合以人为本的可持续消费原则；第二，休闲体育产业提供的各种产品和服务大部分是为促进人们的生理、心理健康，而且对后代生存环境不具有破坏作用，符合公平消费的原则；第三，休闲体育产业发展的基础是人们自身生活和发展的需要，只有人类实现了自己的全面发展，才有可能实现社会、经济、自然环境的和谐、可持续发展；第四，全球能源供给将会趋于紧张，而能源消耗较大的产业未来将会受到限制，而能源消耗小、环境污染少的休闲体育产业则是绿色产业的代表；第五，大力推广休闲体育教育能够引导人们的消费观念，促使人与自然和谐相处，最终实现和谐社会。

第二节　我国休闲体育产业现状

一、休闲体育产业发展的概况

休闲体育产业在我国的发展还处于起步阶段，在发展中呈现出了较多的特质。研究我国休闲体育产业的发展，应当从掌握和分析休闲体育产业的发展状况入手。

（一）体育场地和设施服务在体育产业发展中占据主体地位

目前，我国的体育场地、设施服务主要是为各类体育活动提供的，如为健身操、游泳、跆拳道、器械健身、潜水、攀岩、轮滑、蹦极、悬挂、网球、滑翔、乒乓球、棋牌等体育运动项目所提供的体育场地和设施服务。以游泳项目为例，涉及的场所有公共游泳场所、物业小区配套游泳场所、宾馆配套的游泳场所、学校游泳场所，能够提供的社会性服务游泳场所数量较为庞大，游泳场所的数量以及参加游泳活动的人数正以较快的增长速度增长。在整个体育休闲产业中，这些活动场所产生的经济收益已占据了较大的比例。

（二）观赏性体育表演和体验性体育活动成为当前休闲体育消费的热点

当前，人们对体育信息及观赏性体育表演方面呈现出较高的需求，如市场上已经出现的摔跤表演、体育滑水表演和在各种综合性场所举行的搏击表演、体育健美表演、武术表演、航海模型表演等。一些人热衷刺激、新鲜的体验，某些旅游景点就在体育旅游项目上搞出一些新花样，如轮渡、漂流、蹦极等体验性活动，都使得游客乐此不疲。

（三）体育训练班是针对各种体育专业技术人员以及少年儿童的、为帮助其掌握和提高基本技能而提供的服务

可针对专业技术人员举办射击、游泳、体操、乒乓球、棋类、武术、网球、拳击、健身操等各类定项运动的培训班，也可针对青少年儿童举办游泳班、跆拳道训练班、艺术体操训练班等。

（四）体育彩票、体育商品以及休闲体育相关活动已成为使体育消费者在附带服务方面得到满足的重要内容

在体育产业中，发行体育彩票是其中较为重要的表现形式之一，对体育产业的进一步发展具有促进作用；在体育事业发展的过程中，对体育用品的生产以及开发也有了一定的规模；休闲体育服务中的与体育相关的娱乐、餐饮等消费服务已成为其中重要的内容，在体育产业发展过程中扮演了重要的角色。

二、我国休闲体育产业中存在的问题

近些年来，由于我国经济发展及人民生活水平的提高，民众健康消费意识逐步增强，休闲体育产业在我国的发展速度不断

加快。当然,相对于群众需求以及全球体育经济发展水平,我国休闲体育的发展依然存在着很多滞后因素。

（一）服务群体的定位问题

当前,相当部分的投资企业在投资和服务定位上更倾向于面向高消费人群。在体育产业发展中,我国应把满足广大人民群众的需求作为基础,以实现社会效益为前提,以大众化为着力点。同时,在目前市场经济条件下,消费的主体人群是大众,得到普通消费者的支持才能使休闲体育获得较好的经济效益并实现可持续发展。

（二）区域服务的辐射问题

普通消费者消费时要考虑到交通以及时间成本,距离住所或工作单位较近的运动场所易成为主要的消费处所。但当前多数休闲体育投资企业一味追求企业规模、档次,在空间服务能力方面的考虑较少。因此,作为投资商应重视体育消费者的内在需求,在投资、营销、推介服务项目的过程中一定要坚持做到近域发展的原则。

（三）休闲体育项目品牌建设问题

消费者很注重体育休闲服务的质量和水平,他们往往选择知名度高、口碑好、功能强的体育服务项目。而如今相当部分体育服务场所表现出了大而全的态势,但服务不到位,对消费者的吸引力不强,消费者普遍感觉较为平淡。因此,作为企业,应尽快解决当前存在的项目定位紊乱、全而不名、全而不精、缺乏核心竞争力等问题,做到投资的适度化,把服务特色、效果及企业文化等软件水平作为竞争的核心点,提高服务产品的凝聚力、影响力,打造知名品牌,全面提升服务项目在公众心目中的形象。

（四）市场机制构建问题

一直以来,我国体育一直都是国家办、国家养这种事业型的管理体制。这样取向以及实践,导致体育管理单位的作用没有得到真正的发挥，在社会办体育的自主权上较为缺乏，市场机制还没有形成，过多的行政约束机制在体育企业运营机制和规则建设方面起到了阻碍作用，休闲体育在产业上的规划、市场投资以及运营方面还尚未能使市场经济发展的需要得到满足，企业的生产成本较高而效益却较低，很多应有收入无法实现，企业的经营活力不足。

第三节　我国休闲体育产业发展的相关因素分析

休闲体育产业是体育产业的重要组成部分，也是继续贯彻和落实全民健身计划的最好的结合点。因此，今后一个较长的时期，作为体育事业发展中的重要战略方向以及措施，要着重抓好体育休闲产业。随着21世纪的到来，社会生产的机械化程度不断提高，人们的余暇时间也在不断增加，社会生活的主要矛盾已经不再是解决物质消费和温饱的问题，人们开始着眼且逐步热衷于休闲的生活，这客观上为休闲体育产业的发展提供了可能。

此外，休闲体育产业发展了，一方面可令人们在余暇时间的健身需要得到满足，另一方面还可以缓解繁忙工作带给人们的各种心理压力，改善人际关系。休闲体育产业的开发，是时代进步的重要标志。

一、发展休闲体育产业的内驱因素

(一)人们追求健康生活方式的必然要求

从经济价值的角度来看，人的健康能够体现出增加健康时间、改善劳动能力、提高工作效率、延长工作时间等价值。当前的各种研究表明，增加休闲体育活动、注意饮食营养以及活用医疗保健手段是人们保持健康资本的主要途径。而休闲体育能够有效促进人们的身心健康,因为它是在摆脱了劳动限制之后得到的一种全身心的放松。随着科学技术的不断发展以及社会的不断进步,我国民众的余暇时间也在日益增多,余暇生活的质量问题已经成了关注的焦点。休闲体育产业的发展既可以给人们提供改善健康水平的场所,也能够使人们的余暇生活变得丰富,是提高余暇生活质量的重要途径之一。

(二)我国体育事业领域拓展的要求

时至今日,《奥运争光计划纲要》《体育产业发展纲要》和《全民健身计划纲要》等三个纲要依旧占据我国体育事业发展的核心地位。其中《体育产业发展纲要》已明确指出:“振兴和发展体育产业,对奥运争光计划以及全民健身计划的实施具有重要的意义。”作为体育产业的一个重要组成部分,开辟和振兴休闲体育产业一方面能够有力地推动体育产业的发展,另一方面也是贯彻落实全民健身计划的一个重要途径和手段,在我国体育事业的发展过程中具有不可低估的作用。与此同时,为了促使我国体育产业能够向更广阔的领域进军,发展休闲体育产业也是必经之路,在我国经济与体育领域结合步伐中起到了加速的作用,并将进一步充实我国体育用品市场和产业结构。

二、发展休闲体育产业的动力因素

(一)余暇时间的增加

1995 年 5 月 1 日起,5 天工作制在我国开始实行,公众的劳动时间明显缩短。“春节”“十一”长假制度从 1999 年起也开始实施,随后,清明、端午与中秋等各种民族传统节日又被定为国家法定节假日并作为我国法定节假日新方案实施。“五一”假期虽有所缩短,但节假日的总天数是在一直增加的。这意味着国民的余暇时间将占到一年的 1/3 左右。余暇时间的不断增加必然会释放出越来越大的对休闲体育活动的需求，在客观上为休闲体育产业的发展提供了条件。

(二)消费水平的增长

相关研究表明，我国的社会消费水平已经发生了很大的变化，在城市居民货币收入方面，1980 年的总值是 1235.5 亿元，而 2000 年已经达到了 5361 亿元，实现了 4.27 倍的增长，年平均递增 7.5%。人均货币收入上，由 1980 年的764元增长到了 2000 年的 1623 元，年平均递增 3.99%。收入水平的不断增加，当然会促使体育消费需求不断增长。《国家统计年鉴(2007)》的有关统计表明，居民消费支出水平在我国迅速增长，2004 年居民消费支出总额的规模已达到 63833.5 亿元，而 2006 年这一数字更变成 80120.5 亿元。其中，人们在服务类及文教娱乐用品类方面的支出逐年递增。种种现象表明，居民生活水平在我国呈现出不断提高的趋势，消费需求也在日益增长。因此，伴随中国社会生产与生活水平的发展态势，休闲体育产业的开发能够迎合人们不断增长的消费需要，逐步成为社会经济发展的重要推动因素之一。

(三)奥运会带来的休闲体育高潮

日本在 1964 年举办东京奥运会之后，大众体育的发展达到了高潮。人们通过电视转播感受到体育的强大力量，享受到体育的快乐，并且懂得和学会了运动。到了 20 世纪 60 年代后期，日本的男女老少已普遍参与到体育活动中，既把体育作为增进体质的活动，更作为一种消遣娱乐的方式，体育活动逐步休闲化，成为日本体育休闲产业开发的直接诱因。第 29 届奥运会在我国举行，不仅促进了我国社会经济发展，更大大提升了体育产业发展的速度，最为重要的是，它还成为我国发展休闲体育产业的一个重要契机。对奥运的参与和对奥运精神的传递，使人们对体育运动的认识上升到一个台阶，从而激发了人们在余暇时间参加体育运动热情,把整个国家的群众体育活动推到了新的高潮。可以说,奥运会的举办是我国休闲体育业发展的重要里程碑。

伴随着我国经济不断发展及社会的不断进步,人们已经把越来越多的余暇时间投入到休闲活动中去,休闲体育活动已成为丰富国民余暇生活、增进国民健康的重要途径之一。余暇时间的日益增加、消费水平的不断增长以及在体育消费理念上的改变,都是人们参与休闲体育活动的直接动力。同时,伴随着不断攀升的休闲体育消费需求,休闲体育产业的发展与振兴的客观条件已经成熟,我国的休闲体育产业快速发展的时代已经到来。

第四节 我国休闲体育产业发展对策及战略部署

一、发展休闲体育产业的现实意义

休闲体育产业是指与休闲体育密切相关且由社会各部门提供的产业领域,它包含了一切与体育活动有关的产品与服务,还包括与这些产品和服务有所关联的所有经营活动。休闲体育产业的发展将会对我国社会经济产生重要的影响。

(一)休闲体育产业的发展有利于人们的身心健康

由于生产力的不断进步,手工操作被机器生产所代替,快节奏的生活与激烈的竞争使现代人大量罹患“文明病”,人的异化有所加速,种种生理、心理疾病日益繁多。体闲体育从产生之初就结合了各种健康有益的体育活动,如登山、钓鱼、徒步旅行、健身等,一方面使人们休闲的需求得到满足,另一方面也对人们的身心健康起到了良好的促进作用。休闲体育在缓解各种压力、消除各种不良的情绪、控制抑郁、困惑与焦虑等各种消极的心境等方面具有不可替代的作用,可有效地防止各种心理疾病的产生,使人类自身能够协调发展。

（二）休闲体育有利于构建社会主义和谐社会

社会的最基本组成部分是作为个体的人，和谐的人际关系是社会和谐的最基本条件。人只有融入社会中去，才能谈得上发展自我与完善自我，才能称得上真正的人。但在如今社会中，现实情况却并不像人们所想象的那样乐观，人际关系并未随着社会的进步而获得相应的发展。人们之间交往上的功利意识在市场经济的条件下日益强化，人际交往上的信任危机与情感上的冷漠愈演愈烈，人际关系似乎走向了异化。但人际关系的和谐与健康发展却能够在休闲体育这一片肥沃的土壤上迅速“生长”。处于残酷的社会竞争中的人们在这里可以得到解脱，全身心地投入到大自然中，体味到那种久别的与世无争、悠然自得的情怀，人们之间交往的功利意识也将因此得以淡化。故而，休闲体育对社会的和谐发展将起到非常有效且不可替代的推动作用。

（三）休闲体育的产业化发展将会为我国带来巨大的经济效益

现代人因对休闲的需求而形成了庞大的休闲消费群体，同时也创造了一个较为理想的休闲营销环境，营造了巨大的商机。近些年来，网球、高尔夫球以及各种极限运动的产品及服务在体育产业市场上如雨后春笋般蓬勃出现，各种类型的健身休闲俱乐部与产业部门应运而生，休闲体育的发展充分证明了新兴体育产业市场的广阔空间与巨大潜力。第一，在提升人力资本方面，休闲体育起到了重要的作用，具有重要的意义。人力资本的重要组成部分是健康的身体，脱离了健康的身体，知识和能力就失去了存在的意义。休闲体育作为人力资源投资的一种重要形式，必然是现代人类生存与发展不可或缺的。第二，休闲已经成为社会中的重要产业，休闲体育本身也已成为经济产业中的一类。在当今发达国家的国民经济中，休闲产业的地位已经达到了不可想象的高度。随着社会的不断发展，我国的休闲体育产业也必然会成为促进国家经济与社会发展的重要产业之一。第三，我国的产业结构可以在休闲体育产业的发展中不断改善，同时相关产业也会得到相应的发展。我国农业、工业的基础相对比较薄弱，虽然近些年第三产业有所发展，但整体规模依然较小，领域相对较窄，结构也不尽合理。而休闲体育产业具有很强的关联性，它不仅与体育产业有紧密相连的关系，而且也与其他相关产业具有密切的依托性和关联性。第四，在刺激消费、扩大内需上，休闲体育产业具有不可低估的潜力。随着经济的不断发展，人们的收入水平日益增长，我国居民已具备了巨大的消费潜力。愿意花钱长见识、买健康的人越来越多，在休闲体育方面的消费随之显著增长，因此，政府可以把发展休闲体育产业作为扩大内需的重要突破口。

二、发展休闲体育产业的必要性

（一）发展休闲体育产业的社会意义

休闲体育作为一种健康的休闲生活方式，可以有效地促进人们的身心健康，完善与健全终身教育体系，促进社会不断发展，同时增强人际交往，进而引导社会风气。近年来出现的亚健康问题、经济低谷问题都有力地说明发展休闲体育产业势在必行。

1. 休闲体育运动能够有效地解决亚健康问题

所谓亚健康，是一种人们感觉到的身体和精神上的疲惫、反应迟钝、难以集中精神、介于疾病与健康之间的一种身心状态。

世界卫生组织的一项调查显示，真正健康的人仅占全世界人口的5%，而已经诊断患病的人口只有20%，那么也就是说，有3/4的人处于亚健康的状态。中国的情况也基本符合这一调查结果。2006年社科院社科文献出版社的人才蓝皮书《中国人才发展报告 NO.3》显示:2005 年,我国人才浪费总规模已经超过 2500 万人,70%的知识分子处于“过劳死”的边缘。一些学者指出,这些知识分子如若继续处于亚健康状态,那么这些人中的 2/3 将会因心脑血管疾病而死亡,1/10 将死于肿瘤,近两成的人将会因吸烟导致的肺部疾病或糖尿病等障碍性疾病而死亡。上海科学院发布的《知识分子健康调查》表明,北京知识分子平均寿命已经由十年前的 58 岁下降到了如今的 53 岁。国际有关报道指出,将中国、美国、德国、日本、俄罗斯和印度六国人才的国际竞争力进行比较的话,中国仅能位列第四。中国人才在国际人才的竞争中仅相当于美国人才竞争力的 1/2 左右,相当于日本、德国的 3/4,总体差距较为明显。美国的经济学家西奥多·舒尔茨指出:传统上认为物质资本和劳动力资本的增加是经济增长的主要途径,这样的观点已经不再适用于今天的现实,从现代经济的现实情况来看,人在知识、能力和健康等方面的人力资本提高,与物质资本以及劳动力数量的增加相比较而言,对经济增长具有更大的贡献。上述种种观点足以说明,亚健康已经成为困扰人类生存和发展的主要问题。休闲体育以一种新的体育生活方式在社会中兴起,缘于它在促进人的身心愉悦以及有效地恢复体力和精力方面能起到重要作用,尤其是在缓解亚健康状态上具有奇效。

2.休闲体育产业化是解决奥运经济低谷效应的良药

2008 年的北京奥运会总投资高达 160 亿美元,其中用于组委会的支出为 16 亿～18 亿美元,用于非组委会的占 142 亿～144 亿美元,在北京地区投资于奥运会的相关费用则达到 280 亿元人民币。但奥运会每四年一届,造成奥运会结束后很多兴建的场馆达不到充分利用的理想状态。大量场馆闲置,导致了大量资金和大批资源的浪费,加之经营状况不善,就给举办国的城市造成严重的财政负担。奥运经济本来以直接投资为主要特点，对经济能够产生推动作用，奥运投资越大，对主办城市的经济带来的影响也就越大。不过，奥运投资也存在“低谷效应”。这一现象出现在了许多主办过奥运会的城市，就像被人们称为“鬼城”的悉尼，是2000年奥运会的东道主城市，如今依然面临着低谷效应的压力。要想解决这一问题，从根本上来说就是要让体育产业化，促进休闲体育迅速发展，使赛后的设施得到充分利用，这样既可解决奥运带来的经济低谷效应，也可使本国的体育产业得到大幅增长，可谓一举两得。

（二）休闲体育的产业化发展将会带来巨大的经济、社会效益

人们对休闲的需求创造了巨大的休闲消费群体，营造了无限商机。近些年来，许多新兴的休闲运动（如漂流、高尔夫、网球、极限运动项目）如雨后春笋般在国内出现并迅猛发展，各种健身休闲俱乐部与产业部门应运而生，如“非典型肺炎”(SARS)流行期间，许多健身休闲场所甚至出现了爆满的盛况，参加户外活动人数短时间内猛增，体现了休闲体育对国民的重要作用，同时也充分显示出这一产业领域广阔的市场空间与潜力。

体育产业种类繁多，除了健身娱乐业外，还包括体育广告业、体育用品业、体育博彩业、体育竞赛转播业等，如为了举办奥运会而进行的众多场馆建设、体育赛事的有关经营与相关商品开发，都属于体育产业的范畴。从产业规模的角度看，体育产业的市场规模是庞大的，其产生的利润也是相当理想的。

1. 人力资本投资

在提升人力资本方面，休闲体育具有重要的意义和作用。人力资源投资的一个重要途径是休闲健身，这也正是人类生存与发展所必需的。在将来的社会中，人既要具备为社会工作的能力以及创造能力，也必须要有享受生活的能力。只有创造，没

有享受，不能称为一个完整的人。

2. 休闲体育产业已经成为经济产业中较为重要的组成部分

在许多发达国家，休闲产业在国民经济中已经达到了前所未有的高度。美国人在休闲消费上的支出高达2800亿美元，占其国内生产总值的10%左右，以休闲体育为内容的体育产业已成为其国民经济的支柱性产业。《21世纪的美国休闲》报道，许多运动项目都受到美国人喜爱，其中参加人数较多的体育活动有徒步、自行车、游泳、篮球、健美操等。有关数据显示，他们在参加休闲活动时购买休闲用品与器材方面的支出至少高达3500亿美元。芬兰作为一个有着悠久体育传统的国家，其体育人口达到了总人口的3/4，芬兰人用于体育消费方面的支出每年人均高达600芬兰马克。1989年，加拿大人在体育上的平均开支为400美元；而瑞士20～42岁的人中约有1/3把体育作为最主要的业余活动，隶属于瑞士体育联合会的73个单项协会拥有330万的会员，占到了全国人口的1/2以上，其中有160万人能够积极从事运动，参加体育活动的人平均每月在体育上的消费为40瑞士法郎。由此可以看出，在美国乃至整个西方社会中，休闲体育已经有了相当程度的发展，人们对体育的偏爱愈来愈强，在人们总消费需求中，体育消费需求所占比重不断增加。

根据有关报道，我国社会居民消费水平已经发生了较大变化，在货币收入总值方面，城市居民收入由1980年的1235.5亿元增长到了2000年的5361亿元，年平均递增8%，在人均货币收入上，由1980年的764元增长到了2000年的1623元，年平均增长4%，预计在未来的数年内人均货币收入增长率还将超过4%。在这样的收入水平下，体育消费的需求必然会逐年递增。随着中国社会经济的不断发展，休闲体育产业必将成为对经济、社会发展有重要影响的产业之一。

三、发展休闲体育产业的可行性

在物质文明和精神文明都有了相当程度发展的前提下，体育必然也会迅速发展。在我国，全民健身体育现已在相当大的程度上取代了举国体制的竞技体育。全国人民对体育事业的热情在我国申办2008年奥运会举办权时已经显现。如今在我国大、中、小城市的大街小巷上都能看到的各种体育场地和设施，显示出我国在全民健身计划方面已取得巨大成果。竞技体育与社会体育具有密不可分的关系，竞技体育创造的各种东西通常会在休闲领域中传播并形成社会生活领域中的流行风气。人们对体育明星的崇拜和热爱就是一个具体的表现。体育明星的技战术、言行举止甚至穿着打扮都成为人们仿效的对象，给社会休闲体育带来了巨大的明星效应。2008年奥运会是我国人民共同努力争取来的，是全民族的盛事。在2008年奥运会举办后，我国人民参与体育运动的意识日益增强，这也使我国休闲体育得到了快速的发展。如今"请人吃饭"不如"请人流汗"成了社会上流行的风气，休闲体育理所当然地变成人们社会交往的一种时尚，休闲体育的产业化发展也必将得到强有力的、广泛的支持。

四、我国休闲体育产业发展的策略与战略思考

在全球体育经济突飞猛进的大势下，我国的休闲体育已经成为朝阳产业，但与发达国家相比，我国居民在休闲体育上的潜在需求与现实需求还是存在较大的差距，所以我们应当认真审视我国休闲体育发展的现状，找到休闲体育发展滞后的因素，努力探索出适合我国休闲体育发展的战略道路。

（一）完善休闲体育产业发展的战略规划，贯彻休闲体育发展的前瞻性策略

国家以及各级地方政府一方面要立足于我国居民体育消费上的当下需求，另一方面也要着眼于居民的潜在需求，把当前体育发展状况与长远发展结合起来，将体育经济的发展放到国家经济总体布局的高度上，着手于政策、法律、体制等方面的具体改革，加大对体育产业的扶持力度。

（二）创造良好的法律制度环境，确保休闲体育产业运行规范化

根据我国体育产业发展的实际情况，国家与地方政府应制定与完善有关制度和法规，促进体育产业发展。既要鼓励体育投资企业实现跨越式发展，也要监督他们坚持规范经营，重点保护他们的投资权、经营权、管理权不被侵犯，尊重他们的经济收益与相关利益。

（三）运用各种市场化手段，实现休闲体育产业的商业化运作

要打破我国传统的体育管理模式，从运行机制、管理体制、运营手段等方面与市场接轨，运用市场机制来对现有资源进行优化、整合，实现资源的合理配置。大力开发各种体育资源，在加强体育服务项目上可以采取宣传、推介等营销和市场流通手段，向消费者提供越来越多的体育休闲产品及服务。

（四）创造优质的体育服务产品，努力打造休闲体育产业品牌

一个企业的核心竞争力在于其硬实力，但也应注重其社会影响力、社会美誉度以及它的服务质量与产品的凝聚力。因此，投资企业应该把消费者需求放在首要位置，深刻理解产品创新的内在价值，推动产品在健身性、教育性、休闲性等功能上的创新，对产品的包装和设计价值也应给予足够重视，进行大力开发

的投资企业同时应提供人文关怀的服务，打造出体育服务项目的良好社会形象，塑造服务企业应有的对社会负责的形象，从而提高大众对休闲体育行业和企业的认同感。

(五)实施多元化服务，提供多层次的休闲体育服务

由于我国施行多种分配体制，因而形成了多元的收入群体，他们在经济条件、需求层次、审美观点、思想情趣上不尽相同，所以，多元化的服务开发符合我国的基本国情。投资企业在大众化需求得到满足的同时也要兼顾面向高收入阶层的服务，面向年轻人进行服务时也应兼顾服务于老年人。应把服务功能侧重的点和面体现出来，结合不同人群对健身、体验、休闲、观赏等的不同需求开发出不同的产品与服务，以使各类人群的需要都能得到满足。如在面对收入较高的白领阶层时，高尔夫球运动是较为适合的开发项目；而相对工薪阶层来说，可以开发保龄球、台球运动等项目；对年轻人而言，游泳、轮滑、球类运动受到更多的喜爱；而对老年人来说，太极拳、体育民族舞蹈以及保健医疗操等运动则是他们所热衷的项目。因此，发展多元化、多层次的体育休闲市场更为符合我国的实际情况。

(六)实施市场推荐策略，充分运用市场营销手段推介休闲体育产品和服务

通过各种宣传策略、定价策略与产品派送策略，扩大体育产品和服务在大众中的认知度，通过对体育爱好者的引导消费，创造出更多的潜在消费者，进而发挥出体育产品和服务在更高层次上的经济价值与社会效益。

第八章　休闲时代下休闲体育发展的机遇

第一节　休闲体育面临的新机遇与新挑战

一、休闲体育面临的发展机遇

（一）现代劳作方式呼唤休闲体育的发展

人类劳作方式的演进是由动态趋向静态，由简单趋向复杂，这种劳作方式的变化不可避免地引起肢体“用进废退”的现象，因而需要动态的活动来作为弥补。休闲体育就具有这样一种弥补的效果。原始人类先是追逐猎物于莽莽丛林中，同时从事对野生植物的采集，而后逐步走向田野，春耕夏耘、秋收冬藏，进而跨越到了工厂的机器轰鸣的流水线，又转变为窗明几净的写字楼……在人类劳作方式的转变中，从直立变为半直立，再从半直立转变成坐姿，经历了动态到静态的演变过程。人类在这一过程中不仅与自然渐行渐远，肢体运动也变得越来越少。这也就是所谓的特定的紧张类型决定于特定的生产劳动方式与工作方式。在传统农业社会，劳动者的紧张大部分表现在体力上的劳累，而精神上的压力相对较少，那时休闲的主要目的不在于缓解精神压力。而如今人们的劳动逐步走向了脑力化，劳动者的紧张主要成了精神上的紧张以及心理上的压力。相应地，缓解紧张的方式也发生了变化，经常表现为通过体力消耗达到放松精神的目的。而在众多的休闲方式中，休闲体育是最适合以消耗体力的动态方式来缓解由于劳动方式转变造成的精神紧张以及心理压力的一种。

（二）人工化环境呼唤休闲体育的发展

人类在劳动场所由自然空间转向人造空间的过程中完成了城市化的进程，空调环境取代了四季分明的自然空间。人类在这一转化过程中远离了自然，机体免疫力也因为少了许多自然界风霜雨雪的考验而日渐退化。而休闲体育却能表现出更多的户外性质，久违了自然的人类通过休闲体育重新回归到自然母体，机体的免疫力与感受力重新得到增强。

（三）现代娱乐方式需要休闲体育的有益补充

现代娱乐方式大部分趋向静态化，如酒吧、茶吧、咖啡吧、陶吧、音乐吧等，而我国传统上也讲究以琴棋书画等偏静的活动来怡情养性。休闲体育则使人运动起来，所以，它一方面使人们的休闲方式变得多样化，另一方面也使传统上喜爱静态休闲娱乐的国人在休闲方式的选择上实现了动态的平衡。

（四）人口老龄化需要休闲体育的发展

数据显示，在我国人口年龄结构分布上 65 岁以上的老年人已占全国总人口的 10%，即已超过 1.3 亿人，这表明中国已经进入了老龄化社会。在以后的 40 年间，老年人口数量将继续以 3%的速度增加，这也超过了总人口的增长速度。按此速度计算，我国在 2050 年老年人口比重将达到总人口的 1/5，在沿海大中城市中，社会老龄化现象尤为突出。根据国际上社会老龄化的规律，只有经济发展达到相当水平时，老龄化社会所必需的养老、医疗等保障负担才能被国家、社会、个人所承受。但现实情况是我国的人口老龄化在经济水平尚不够高的情况下提前发生了，也就是所谓的“未富先老”。如此一来，人口老龄化所带来的社会压力也就无法让社会全方位地负担，家庭与个人就要负担老龄人口的养老、医疗保障等费用的大部分。此外，我国巨大的就业压力问题与人口老龄化又相伴而行。一方面是在产业结构调整的背景下结构性失业人口数量不断增加，另一方面在各产业部门就业容量达到饱和的状况下是每年新增 8000 万劳动力势必导致相当部分的新增劳动力也变成失业人口。而由于我国长期执行严格的计划生育政策，家庭结构发生了巨大变化，在未来的几年，我国主要的家庭模式将变成“421”式家庭结构，即一对夫妻将赡养四个老人、抚养一个孩子。在老年人的医疗养老等保障问题无法由社会全面承担的情况下，家庭内部也将由于就业赡养人口增多、赡养年限延长等压力而日趋难以解决。老年人要想度过幸福、安康的晚年生活，自身的身心健康占据了首要的位置。而休闲体育将以其随意、轻松、愉悦的特性成为老年人促进健康的首选休闲娱乐方式。

（五）人的社会化与再社会化要求休闲体育的发展

在如今的网络社会，获得信息的便捷性、快捷性以及交往的间接性都导致了人与人之间的距离日益增大，在这样的时代背景下，不仅老年人不容易得到渴求的温情，独生子女也将由于没有伙伴而导致各种问题，不利于形成社会化所必需的与他人面对面互动交流的能力。而休闲体育具有寓教于乐的独特性，将在很大程度上促进个体的社会化。

（六）消费结构变化有利于休闲体育的发展

我国于 1995 年左右步入了“过剩经济”时代，近些年来，由于经济与国民收入在不断增长，恩格尔系数在我国居民消费中呈不断下降的趋势。恩格尔系数显示，城镇居民消费已经从 20 世纪 90 年代的 54.2％降至 21 世纪初的 37.9％。按照国际通用准则，恩格尔系数为 20％～44％时代表较为富裕的程度。这意味着，我国城镇居民在客观上具有了消费的基础条件，并且近年来的调查也表明，居民也日趋将消费投向教育、娱乐、文化、旅游等享受性消费领域。显而易见，休闲体育发展所需的经济环境已经具备。

(七)社会支持系统是休闲体育发展的制度性机遇

始行于 1995 年 5 月的一周五天工作制以及始行于 1999 年的几个法定黄金周假期，使一般的工薪阶层的法定假期达到了百天，离退休人员与学生的非休暇时间甚至更长，为休闲体育的发展提供了良好的条件。正如美国凯恩斯预言的那样：人类将第一次面临真正的永久问题，“如何度过休闲时光”。

二、发展休闲体育面临的挑战

(一)传统文化生活观念的挑战

对华夏民族来说，“勤俭节约”理念早已内化成国民性格甚至是民族的认知方式，“休闲只属于达官显贵等少数人的专利”已经成了一种集体无意识。在如今社会大转型时期，对普通的工薪阶层来说，来自于医疗、社会保障等方面的压力很大，“花钱找乐子”这样的休闲消费依然是奢侈的。2007 年在美国发生的次贷危机进而引发全球金融危机，又对刚刚形成的休闲消费的观念造成了不可估量的打击。这样，虽然休闲时间在不断增多，却多被看电视等静态休闲方式所占据。一份关于城乡居民余暇时间支配方式的调查发现，人们在支配余暇时间的方式上，看电视占据了第一位(73.53%)，阅读小说报刊位列第二(44.04%)，从事体育活动只占第三位(26.68%)。过半数的人每天看电视的时间为 0.5～2 小时，1/3 的人每天看电视的时间为 2～4 小时。在这样静态的低消费甚至零消费的休闲方式占主导的情况下，休闲体育要想获得发展是极其不易的。在休闲体育中，即使是最简单的方式也需要人们穿上休闲运动装，并装备必要的简易工具。

（二）传统休闲方式的潜在挑战

我国大陆的地理气候与几千年的农业文明相结合，形成了完全不同于大洋商业文明的一种内陆文明，从简单的一个“休”字就可以看出来：人依木而休；也可以解释为农田在特定的时间里不种作物，以达到休养地力的目的。因此，我们也就形成了对“静如处子”“以静养身”这样休闲方式的崇拜，进而决定了休闲心态和价值取向，而这与“动如脱兔”这样的休闲体育形式正好背道而驰。

（三）现代各种休闲方式之间竞争的挑战

现代社会中存在着多元化的价值取向、多样化的休闲方式，加之网络社会的崛起，激烈的生存空间之战在各种休闲方式之间已经展开，这同样是休闲体育发展所面临的一种困境。

（四）生态环境的挑战

所谓“城市化进程”的另一面却是自然环境在人工环境步步紧逼下的全面退却。我们虽然把从乡村到城市的儿时梦想变成了现实，但正像一位学者所说的那样：过去，我们曾在乡村里梦想着城市；如今，我们却在城市里梦想着乡村。人类脱胎于原野之中，这已经注定了人类无法完全与自然母体分离。曾经我们对雨后恼人的泥泞眉头紧蹙，所以我们把泥泞的土路变成了混凝土筑成的“现代化”道路，然而时间却告诉我们，蓝天、白云、溪流是我们永远都不该离弃的东西。因此，现代休闲倡导人们走向自然，回归自然，在喧嚣中享受片刻的静谧。休闲体育中种类繁多的运动项目（如滑草运动、攀岩、野游）大部分都要求人们与自然进行亲密接触。可悲的是，我们又不可避免地成为环境的破坏者。在发展休闲体育与环境保护之间同样存在着两难的抉择。

挑战与机遇并存是21世纪最大的特征，对休闲体育的发展来说，一方面是来自于历史文化、民族传统等的由于时间积淀所形成的观念的挑战，另一方面是经济水平、劳动方式、社会制度、人口等发展水平所带来的挑战。但是，只要我们以发展为旨归，用创新的眼光迎接挑战，挑战最终也必然会化为机遇。休闲体育所面临的挑战，能够促使其不断创新、加速发展，并终将成为21世纪占主导地位的体育形态以及重要的休闲方式。

第二节　深度休闲与运动性休闲将成为发展主流

一、深度休闲

随着21世纪的到来，中国必将进入一个前所未有的体育休闲时代。如今休闲已作为一种生活方式存在于现代社会中。收入、闲暇时间的增加以及寿命的延长，都使得人们参与休闲的机会与潜力大幅增加，外加电话、电视、汽车等科技产品的发明与应用普及，不但使人们的生活作息与时间消费方式上发生了变化，而且也使人们的休闲方式发生了变化。现代的人们更偏好短暂性、被动式的即兴休闲活动（诸如看电视、逛街），但是这些休闲活动从参与者体验上来说很难达到深入的境地，并且容易引发休闲者产生更加无聊的负面情绪。因此，树立“深度休闲”的观念对休闲参与者来说已经变得越来越迫切。在休闲活动中可培养出一种认真的态度，从而可帮助人们在从事自己喜欢的事情时达到深度投入的情境；由于兴趣加之努力，在情绪性的兴趣转化成冷静的思考时，学习与工作必然事半功倍。同时，休闲活动还可引导人们进行深度的学习活动，进而发展出个人除工作以外的第二专长。

目前，国外休闲研究的又一新兴领域就是深度休闲，遗憾的是，这并没有引起国内学者的太多关注和重视，反而是国内城镇居民(大部分为老年群体)对从事各式各样的深度休闲活动表现出越来越多的偏爱。冬泳活动以及有规律的登山活动等都具备了深度休闲的特性,容易令人找到自己的人生价值和乐趣。

(一)深度休闲的概念内涵

1982年"深度休闲"(Serious Leisure)这一概念首次提出。深度休闲是参与者有条理、有系统地从事业余或志向的休闲活动,在专注地投入方面他们如对待自己的事业一般,并在这样的活动中得以展现获得的特殊技巧、知识与经验。这样的观点与当时主流的休闲学者所认为的休闲表现为一种心理状态、以免除责任义务为特点的活动有着明显区别。也正因如此,它吸引到了当时休闲理论学者的目光。之后,有关深度休闲的研究大部分以这一理论架构作为研究基础。深度休闲表现为深层次上的满足感以及存在感,绝大数参与者不仅只是为了参与,他们将这样的休闲活动当成了生活的一个组成部分,在从事活动时保持自由自在的心情,专注地迈向目标。可以这样理解,深度休闲中的"深度"(Serious)可以看作是强调"专注"(Concentration)和"奉献"(Dedication)的做事态度,因此深度休闲并不是压力性休闲活动,相反是具有相当大乐趣的活动。1993年,有学者对30个澳大利亚人在休闲生活方面进行了系统研究,把休闲活动划分成了深度、中等深度、随兴三种类型。之后,Stebbins在2006年又提出,可以根据不同休闲活动所要求的投入程度的不同而划分出三种不同的休闲方式:"深度休闲"(Serious Leisure)、"主题计划性休闲"(Project-Based Leisure)与"随兴休闲"(Casual Leisure),并解释了相关的概念。2010年,有人在对不同团体女性深度休闲者这一方面的调查中证实了上述观点,深度休闲与随兴休闲其实并不是完全独立的两个概念,两者之间是相互关联的。

（二）深度休闲的特征

Stebbins 提出了深度休闲应该具有坚持不懈（Need to persevere）、生涯性（Career）、个人努力（Significant personal effort）、次文化（Unique ethos）、持久的利益（Durable benefits）、强烈的认同感（Identify strongly）六项特质。后来，不少学者的经过研究证实了这些特质的存在（例如 Gibson，2002；Green，2005；Brown. 2007；Raisborough，2007）。

1. 坚持不懈

在一般休闲中不可能包含“坚持不懈”这一含义，而在深度休闲中，参与者哪怕遇到很大困难也会以正面的心态去面对，甚至在怯场、焦虑、害羞、疲倦或受伤的情况下，也会为了践行承诺以及自我挑战而坚持下去。Jones 在 2000 年研究了足球球迷有关深度休闲的行为，深度探讨了这种持续参与活动者的付出大于收益的问题，发现这是由于深度休闲行为能够提供较大的社会性认同，使得参与者休闲活动中的负面要素被这些认同所补偿。

2. 生涯性

在从事活动过程中，深度休闲者都会面临事业成败这样的时刻以及遇到突发事件等，但他们很少会因此退缩。例如参与社区义务消防的志愿者，可以每周连续工作数次、坚持数年从事这样的义务消防工作，即使在挫折面前也会表现出无怨无悔的工作态度。再如皮划艇休闲活动者，对他们来说获得成就或利益并不是最重要的。

3. 次文化

由于深度休闲参与者之间有着相近的价值观、工作水平、道德标准及技巧水平等，自然就会形成一种次文化，这种次文化就表现出了深度休闲的独特精神。而这种独特的精神又是加入这样的休闲活动的主要动机，它将尚未定性的、四处分散的行为者、组织和活动组合成一个特有的整体。2005 年，Green 等人的研究也再次验证了深度休闲参与者彼此之间确实能形成具有高度认同感的次文化。

4. 强烈的认同感

深度休闲参与者会对其从事的活动产生强烈的认同感，会兴奋不已地与其他人谈论此项活动，喜欢与他人分享其所得，尤其是面对新认识朋友时表现得更为明显。虽然这些业余者也认识到可能过于热衷自己的副业，却很难控制自己。值得一提的是，2008 年 Could 等的研究发现，虽然深度休闲参与者们经过共同的努力完成了许多计划与作品，也从中获得了成就感，但若是单独参与这样的活动，那么各人对于团体的认同度则一般不会太高。

(三)深度休闲参与者的类型

1. 业余者(Amateur)

在艺术、科学、运动、娱乐等领域中，业余者仅以日常生活中的部分时间投入到休闲活动中，这与全职工作、以此谋生的性质显然不同。业余者往往出于对活动的强烈兴趣而对休闲活动抱有认真的态度，并期许自己能够在活动中不断取得进步和突破。Stebbins(1993)认为存在一个“专家—业余者——般大众”的系统，用于区分业余者、专家和一般大众的关系。业余者面对一般大众的时候扮演着专家的角色，可为一般大众提供近似于专家的服务，并要求自己能够维持最优越的表现。同时，由于业余者的存在，也使专家时时警惕要不断努力与进步。因此，专家与业余者之间就存在着“一方面相互竞争；另一方面又一同追求最佳化表现的关系”。Yoder(1997)通过对美国垂钓活动的研究，发现商业在某些深度休闲活动中扮演着重要的角色，而 P-A-P 系统并不能完全解释垂钓这种和商业、器材紧密相连的休闲活动，并依据此系统提出了“商品代理商—职业选手/商品代理商—业余者/一般大众”这一系统，揭示了“商品代理商”与“业余者/一般大众”之间存在着新闻、金融结构上的机能冲突的关系，说明了制造者与分配者对于钓鱼设备的赞助，在钓鱼运动的发展上扮演了一个相当重要的角色。“职业选手/商品代理商”或“业余者/一般大众”接收到特别的利益（如经济支持、资讯交换），都是其继续参与活动的有力激励因子；若彼此之间因为兴趣、见解的不同或缺乏彼此尊重的时候，“职业选手/商品代理商”或“业余者/一般大众”就会产生摩擦。Harrington 等在 Yoder 的研究基础上，通过对赛车比赛中的志愿者和业余者的支援服务种类进行调查，发现在赛车这种深度休闲活动中，专职的志愿者有着不同于其他活动者的特殊之处，他们既是组织比赛的志愿者，也是赛车这项活动的业余者，为此，Harrington 提出了一个“商业代理—专家/商业代理—职业志愿者/业余者——般大众”的系统。

2. 嗜好者(Hobbyist)

Stebbins(1993)指出嗜好者是利用工作之余的时间与经历，参与到一项自己有兴趣的专门活动并能乐在其中，得到技术与知识是其参与的主要目的，从而使个人在努力的过程中收获精神上的回馈。但是与业余者比起来，此类型的深度休闲参与者在专业能力表现上稍差。

从专业程度来说，虽然嗜好者并不像业余者那么强，但是嗜好者在自己所选择的休闲活动上，也有着坚定而且明确的目标，在遇到困难时也持有努力不懈的态度，只是对活动本身的兴趣与喜好是他们参加活动的主要目的。

3. 志愿者(Volunteer)

Stebbins 指出，志愿者服务是个人或集体出于非强迫性的一种志愿服务，是一种自愿服务，且获得经济上的利益并非其主要目的。在深度休闲行为过程中，志愿者持续的利益来自于从帮助他人中获得的快乐，在追求价值上显然与其他两种从事深度休闲者不同。在辛苦的工作中,志愿者乐于奉献同时也获得了成就感,如在安慰那些受难的人的同时自己也感受到被需要的感觉。Gravelle 等于 2001 年对讲法语游戏的案例进行研究后证实:志愿者的工作就是一种深度休闲活动。而 Yarnal 在 2003 年对社区义务消防员的研究却发现,消防志愿者自认为本身就是一个矛盾个体,“双重责任”摆在他们面前:在社区居民眼里他们就是专家(Professionals),认为他们具有专家的标准,但是在他们自己看来,消防工作仅仅是自愿参与的义务。一些学者研究了多类型深度休闲活动,如跑步(Major,2001)、运动观光(Green,2005)等,证实了深度休闲能提供与他人分享成就、经验的良好契机,从而形成一个能带来健康、成就感且促进社会交往的小团体。Baldwin 认为养宠物也是一种深度休闲,他的研究对象是 AKC 俱乐部(American Kennel Club)会员以及他们举办的活动,研究发现深度休闲的人中以宠物饲养为爱好的不仅对这项活动的认同感很高,而且对 AKC 这个团体以及宠物的感情也颇深。AKC 正是受益于会员们的无偿奉献而得到了健康持续发展。Siegenthaler 在 2003 年的研究以及 Brown 在 2008 年的研究均涉及了深度休闲与积极老龄化的关系。前者发现:按参与程度对参与高尔夫运动的老年人进行排序,可将他们分成核心爱好者、中庸爱好者、社会性参与者以及治疗性参与者四种类型,参与休闲活动程度越高,对其积极老龄化的贡献越大。而后者证实,在个体生活中深度休闲活动扮演着重要的角色,并在娱乐生活上为老年人提供了有效路径,表明积极老龄化与深度休闲存在正相关。

(四)深度休闲活动的阻碍

Stebbins(1993)认为“深度休闲可能遭到亲朋好友的误解,他们无法明白为何休闲参与者如此热衷此道”。针对这一点,Goff 等以赛跑者的配偶作为研究样本,对“从事深度休闲者与所发生的家庭冲突”进行研究，发现赛跑者参与状况、家庭冲突状况与配偶的支持程度呈现高度相关，当配偶支持其跑步活动时，则家庭冲突就会相对降低。同时研究也发现，男性配偶对另一半跑步的支持度会低于女性配偶。由此可见，“社会人际阻碍”是妨碍深度休闲的主要障碍之一。“个人内在的阻碍”也会使人们放弃参与深度休闲活动。Siegenthale(1997)就将青少年运动视为深度休闲，对其给予儿童、成人的正负面影响展开了研究，结果发现，成人督促孩子参与深度休闲活动的确可以促进儿童的自信、社交技巧与运动员精神等潜在能力；然而若成人太在乎运动比赛的“竞争性”或是“输赢”，反而将很容易造成儿童“丧失参与兴趣”“沮丧”“丧失成就感”，从而停止对深度休闲活动的参与。Yoder研究也发现，深度休闲参与者受到的经济支援、资讯交换、角色支援等收益都是激励其继续参与活动的原因，也就是说，“商品设备的增加”和“经济因素”在从事深度休闲活动中扮演着重要的角色，即“结构性阻碍”是不可忽视的深度休闲活动的阻碍。除此之外，“社会性认同”(Gillespie，2002)、结构性阻碍的“时间、空间、性别、阶层、年龄”(Stalp，2006)、“被边缘化”(Anderson，2010)等都可能成为深度休闲活动所面临的休闲阻碍。

“深度休闲”的概念虽出现于20世纪80年代，但直至20世纪90年代此领域才开始受到关注。随着社会经济的快速发展，人们休闲意识日益提升，休闲机会也大幅增加，对深度休闲行为进行研究的价值与意义也日益凸显。在国外，越来越多的学者涉及了对深度休闲领域的研究，并且研究的深度和广度也在不断拓展。

二、运动性休闲

(一)运动性休闲概述

运动性休闲是指以身体活动(体育学术语上称为"身体练习")为基本形式,以达到健身、娱乐、放松与消遣等目的的社会休闲活动。活动者自身的身体通常是运动性休闲活动所作用的客体,也就是活动主体的有机体。一些体育类和文化艺术类活动是构成运动性休闲的典型表现形态。体育类活动具有十分丰富的内容与形式,简单的散步与利用高科技器材进行的运动项目都是体育类休闲活动的内容之一。从过去到现在,甚至未来,基于体育类休闲活动本身具有的特性以及所能产生的特殊作用,它将一直在人们的日常生活中占据重要地位。

罗歇·苏认为,与传统意义上的体育运动以及竞技体育(也包括那些带有强制性和规定性的体育活动)相比,体育类休闲活动显然有所不同,"它既不像竞技体育那样追求成绩、崇拜力量等,也没有刻板的规则需要遵守,更无需有规律的高强度训练,而是作为一种非正式的、自发的体育活动存在,追求身体上的放松与舒服"[①]。当然,追求身体放松和舒服并非运动性休闲活动的全部。在当今社会中,对生活质量人们有了更高的要求,审美的对象拓展到了身体本身。因此,塑造优美的身体线条,追求身体形态与姿态的健美,已经是运动性休闲活动的目的之一。

有关研究统计显示,运动性休闲活动的形式多种多样,除了占有一定比例的舞蹈类,80%以上的休闲活动形式具有体育的性质。由此可见,在如今的社会中,无论从形式上还是内容上看,体育类休闲活动都在人类的休闲活动中占据了不可低估甚至不可替代的地位。在休闲活动中,文化、艺术类活动向来具有

---

① [法]罗歇·苏著,善作群译:《休闲》,商务印书馆1996年版。

十分丰富的内容，在休闲创造方面历来被认为是最好的形式，如琴棋书画、戏曲舞蹈等，但只有舞蹈性活动才真正属于运动性休闲的范畴。各种风格与类型的舞蹈，成为一些仪式、活动与休闲聚会中的主要形式。

艾伦·哈里森指出，对于原始仪式而言，几乎全世界的每一个地方，祈祷、膜拜和献祭并不是最重要的，而恰恰是模仿性的舞蹈占据主要地位。由此可见，在社会生活中舞蹈性活动同样有着诸多特殊的社会功能。在如今社会中，大众性舞蹈被认为是最富有运动性休闲活动特征的活动，如广场健身舞。休闲活动中的运动性舞蹈不再像表演性舞蹈那样强调叙事性和抒情性方面，甚至对动作的精准与完美也不再要求，它更多的是强调随心所欲、顺意而为的情境，强调符合韵律的舞动所带来的各种精神感受。不管过去还是现在，我国大众休闲娱乐的主要活动方式基本是以体育与舞蹈建构的运动性休闲活动为主，在大众的日常生活中以不同的形式显现出来并不断发展。

（二）作为本性需求的休闲方式

远古时代，人类在表达自己的情感与宣泄剩余精力方面都是运用什么样的运动方式呢？《诗经·毛诗序》中有一段描述是："诗者，志之所之也，在心为志，发言为诗，情动于中而形于言，言之不足，故嗟叹之，嗟叹之不足，故咏歌之，咏歌之不足，不如手之舞之足之蹈之也。"可见在言语贫乏的古代，运动性的手舞足蹈被认为是一种极致的情感及剩余精力的宣泄方式。远古时期，人类完全依赖于大自然，为了生存而随时都在进行着获得所需物的活动，其中大部分时间都用在了寻找与猎取食物的活动中。当人们的食物需求得到一定的满足之后，其活动的注意力自然而然地转向了休闲与娱乐。而在语言贫乏的古代，最本能和原始的身体运动（如相互追逐、拉扯）以及一些与生存活动密切相关的活动方式（如狩猎游戏）就成为休闲娱乐的主要方式。在原始的人类社会中，从某种意义上讲，人类的娱乐性质及其方式与其他灵长类动物并没有多大的差别。在那个时期，青年以下的人是参与娱乐活动的主要人群，因为他们正处于生命旺盛且精力充沛的阶段，不仅需要发散精力，而且在生存能力与技巧方面也需要提高。因此，他们休闲的主要方式是参与到各种运动性的游戏活动中。在各种游戏活动中，进入中老年的人们成了参观者，他们需要观看下一代的活动，在恰当的时候给予指导与教育，并在观赏下一代的娱乐游戏活动中获得情感的愉悦。在那个时期，人类的娱乐活动与生存活动密切相关，可以说，采摘、狩猎这样的生存活动中的练习方式就是娱乐活动。

溯源寻踪，在人类历史的发展过程中，随着人类的发展而不断发展的正是以体育类与舞蹈类为主体的运动性体育休闲活动。对狩猎民族的舞蹈的研究发现，模拟式和操练式是狩猎民族舞蹈的两大种类。对动物与人类动作节奏上的模仿是模拟式舞蹈，而带有想象和意念的特点且不服从任何自然界范式的是操练式舞蹈。在重大事件发生后以及某种仪式举行过程中通常会出现操练式舞蹈，例如祭祀仪式中进行的群体性舞蹈。如今看来，前者更像是现代的艺术舞蹈表演；后者则可以看作大型活动中的团体操表演。另一个能够证明人们以操练式舞蹈作为休闲活动的重要证据是：1973 年考古人员在青海省大通新石器时代的遗址里发掘出了绘有舞蹈纹彩陶盆，属于距今 4000～5000 年的马家窑文化。这件舞蹈纹彩陶盆所描绘的是三组舞蹈人物，采用的是剪影手法，5 人一组，相互之间手拉手，动作朝向一致，人物脑后绘有垂辫，一条像是兽皮服装的“尾饰”斜刺在人物的胯部，这正是如《尚书·尧典》所说的“击石拊石，百兽率舞”的情景。直至现在，羌、藏、彝等民族在节日聚会以及举行的一些仪式中，仍然采用这种连臂的集体舞，恰好可将愉悦的心情表达于载歌载舞中，体现出心无旁骛、悠然自得的闲适自在。目前，我国发现的最古老的崖画之一就是沧源崖画，大约出现在新石器时代晚期。已发现的11处崖画地点分布在云南省沧源县多个乡镇的山崖上。赭红色的画图被画在灰色的石灰岩的岩壁上，佤族人称之为“染典姆”，也就是“岩石上的画”的意思。崖画在画幅与面积上大小不等，数个零散图形就组成了较小的画幅，而较大图像的图形则可达数百个。图形中刻画了人物、动物、道路、树木、舟船、云朵、太阳、山峦等，另外多种表意符号也刻画在内。岩画以单色、单线加平涂作为人物图形描绘的主要方法，细部则采取剪影式，以省却五官的手法绘制，人物从事的各种活动则通过变化多端的四肢的状态来表现出来。岩画包括狩猎、放牧、舞蹈、采摘等内容，反映与记录了佤族先民们在生产劳动、日常生活、宗教祭祀等方面的各种场面。从崖画所描绘的内容可以看出，在当时一定的区域内，一种徒手的、带有队形变化的集体舞颇为流行。此外一些打仗游戏、狩猎与鸟兽装扮的表演活动也刻画在内。由此可以看出，在新石器时代，远古先民打发余暇时间的活动方式主要以运动性的活动为主。

运动是人类和一切动物的本能，而在其生命过程中，这种本能上的需求一定会表现出来。个人的发展过程如此，人类的发展过程也是如此。直到今天，这种运动性游戏方面的需求冲动仍然在婴幼儿的身上表现得淋漓尽致，体现出人类本性的、原始的需求，这些都与运动本能上的需求密切相关。

（三）社会化改造的运动性休闲方式

随着农业生产的发展以及采用定居的生活方式，人类不仅仅改善了物质条件，更重要的是就此开始了文明进化上的根本性发展。雅可布曾说：“游牧到村居的转变，在人类上升历程中跨出了最为重要的一步。”[①]农业的兴起逐渐将人们狩猎、采集

① ［英］雅可布·布洛诺夫斯基著：《人之上升》，四川人民出版社1988年版。

的生活模式改变为种植、驯养的生活模式，那些在以前的模式中有生存意义的活动与技能到了村居时代就转变为在闲暇时间里玩耍游戏的活动。农业社会的出现，不但使人类的生活方式发生了改变，而且还使人类文明得到了快速的发展。人类在共同的生活环境中定居，共同的行为规范也因此形成，人们原本存在的原始需求发生了特有的社会化改变。然而在这样的社会化改造中，人类原始的需求却渐渐被弱化甚至丑化了。

在古代中国数千年间，实行的都是封建礼教，在重文轻武等狭隘的思想影响下，琴棋书画等文化性休闲活动代替了运动性的休闲活动，限制与制约了人们本能的运动需求。这种尚文思想被社会化后，就成为人们对休闲生活方式进行选择的桎梏。虽然像“射”“御”之类的运动性活动方式具有较强的运动性，但也必须在一定的礼数下进行，运动性活动被改造成了社会化活动。如此一来，人类本能的表现形态被通过一定社会的“文明”和“规范”改造成了社会化行为，评价标准也变成了是否合乎所谓的礼数。《论语·八佾》有言：“君子无所争，必也射乎，揖让而升，下而饮，其争也君子。”古代的文人君子在战场上“以射为争”，而在场下则又要“把盏互敬”。可以想象一下，公子王孙、文人墨客在玩射箭游戏时是怎样的谦谦君子，表现出了何等的闲适愉悦。然而遗憾的是，王孙公子、文人墨客的闲适愉悦却并不属于封建时代的女性。一切行为活动都是在封建礼教的层层制约下进行，“笑不露齿，行不露足”这样的限制足以说明她们已经被社会压制到何等地步，女子若在大庭广众之下进行运动性休闲活动更是被认为有悖于“妇道”。因此，后院闺阁是古代妇女们休闲活动的最大范围，女红之类的手工劳动几乎替代了大部分休闲活动。

公元 2 世纪后的欧洲被基督教所统治，禁欲主义思想盛行，它主张灵肉分开，反对一切肉体欲求，人们的身体运动受到前所未有的限制。罗马皇帝狄奥多西于公元393年把基督教定为国教，古奥运会显然有违于当时的基督教教旨，因此被视为异教徒活动而遭禁止。至此，人们追求自我、释放自我的权利已经完全丧失。这一时期，宗教神权占据了统治地位，一切欲求都成了一种罪过，表现快乐的运动性休闲活动也就更不可能出现了。

不管是中国还是欧洲，在古代运动性休闲活动发展的道路都是十分艰难的。但是，人类文明发展到今天，各种各样的运动性游戏方式被创造出来，并不断地获得传播和发展。这些游戏既有着原始活动的痕迹又体现出新文明的气息，例如一种在上古时期流传的游戏“击壤”，在原始社会已产生，游戏化了原本作为训练狩猎技巧的活动，并经过数代的改造，成了新时代的规范和文化模式，就连“击壤”这一游戏名称都被改成了“飞石”“打板”“打梭”等。与此同时，所有运动游戏都开始走向规则化，使参与者在共同的游戏方式下可以得到同样的评判。按照人类社会文明进化的方式，原本只是本能的需求就此彻底人化（社会化）了，故而，人的社会需求满足就在一定程度上与本能需求的原始动机产生了联系。运动性游戏不仅仅局限于满足人的运动需求，一些社会需求在参与游戏的过程中被强化，甚至逐步掩盖了本身的原始需求。事实上，社会化程度越高，人的原始需求弱化得越为明显，个体在这方面的认识也越来越趋于模糊。

（四）回归本性需求的休闲方式

18世纪中期，英国的工业革命不仅使社会生产方式发生了改变，也对人们的生活方式产生了重大影响，人类文明进入了加速发展的时期。同时，英国新兴的资产阶级开始面临大机械生产、生产节奏加快以及城市人口剧增等新生的一系列社会问题。而运动性休闲活动正是解决这些社会问题的最有效途径之一。在短短的数十年间，诸如狩猎、钓鱼、射箭、旅行、水球、滑冰、疾跑、跳远、跳高、投石、板球、掷铁饼、羽毛球、地滚球、曲棍球、高尔夫球、足球、橄榄球等运动项目在英国各地迅速流行起来。这些运动性活动凭借着更加自由、更加随意的特点，在英国成为人们理想的休闲手段，备受大众青睐。户外运动和游戏的影响又随着英国的对外扩张很快扩大到了法国、美国以及世界其他地方。如果说当初英国资产阶级选择户外运动与运动性游戏只是受潮流的驱使，那么，在当今社会生产资料与生活资料日益丰富的时代，科学技术高度发展，城市化程度也越来越高，运动性休闲活动又有哪些奇妙的功效呢？德国哲学家尼采在他的第一部学术著作《悲剧的诞生》中指出：物质财富在工业社会里会日益增多，然而人们并没有得到真正的自由与幸福。人的个性在僵死的机械模式下无处释放，自由思想的激情与创造文化的冲动也几乎消失殆尽。现代文化变得如此颓废，现代文明的病症也正在于此，而这导致了生命本能的萎缩。故而，现代医疗的要务就在于恢复人生命的本能。尼采的思想恰恰成为后现代主义的先驱。

生产与生活自动化程度的不断提高，彻底改变了人类的生活方式，人们的闲暇时间越来越多，思维也越来越复杂，高脂肪、高热量食物在不断增多，而身体运动却越来越少。诸如此类的现代社会特征虽然给现代人带来效率与便利，却同时也带来了各种各样的“文明病”，使现代人的身心健康受到了空前的威胁。随着城市规模越来越大，人们的生活节奏越来越快，来自于生活、工作的压力也越来越大，这些因素导致了现代人身心健康的急速下降。于是人们渴望重新回归自然，对城市环境与樊笼般生活的厌烦和无奈变得越来越强烈，重新找到自己、恢复自己真实本能的追求日益显化。

在这样的大背景下，一些回归自然的运动性休闲方式大获人们青睐，从水上到陆地再到空中，在自然许可的空间中，人类随意地运动着，抛除了功利色彩和征服欲望，只是尽情地沉浸于大自然中，在自然的空间里让自己的身体任意地舒展。当人们的原始运动需求展现得淋漓尽致时，我们才知道，原来我们可以如此简单地获得满足！

参考文献

中文论文

[1]周建军:《“社区”概念辨析》,《住宅科技》1995 年 10 期。

[2]杨雨霖:《全民健身概念、方法及其他》,《体育文史》1996 年 3 期。

[3]汪伟信:《吴成林体育文化消费的特点与规律探析》,《沈用体育学院学报》2001 年 3 期。

[4]张明英:《我国休闲体育的发展前景》,《湖州师范学院学报》2001 年 3 期。

[5]吴长稳:《试论体育文化消费》,《宝鸡文理学院学报》(自然科学版)2002 年 4 期。

[6]姜耘:《中美休闲体育的比较研究》,苏州大学硕士论文,2003 年。

[7]王凯珍、任海:《中国社会转型与城市社会体育管理体制变革》,《北京体育大学学报》2004 年 4 期。

[8]雒淑华:《对体育文化消费规律的探索》,《北华大学学报》(社会科学版)2004 年 6 期。

[9]胡春旺:《我国城市休闲体育市场的消费阶层分析及发展对策》,《北京体育大学学报》2004 年 11 期。

[10]张林:《我国城市居民体育健身消费现状及对策研究》,四川大学硕士论文,2004 年。

[11]马庆钰:《关于公共服务的解读》,《中国行政管理》2005年2期。

[12]曹琛:《中外休闲体育产业比较研究》,首都经济贸易大学硕士论文,2005年。

[13]钱利安、黄喆:《我国休闲体育理论研究综述》,《体育成人教育学刊》2006年5期。

[14]汪俊昌:《关注当代文化发展态势》,《人民日报》2006年9月7日。

[15]肖林鹏、李宗浩、杨晓晨:《公共体育服务概念及其理论分析》,《天津体育学院学报》2007年2期。

[16]陈珏、何伦志:《文化资本、文化产业与经济发展》,《新疆大学学报》(哲学·人文社会科学版)2007年4期。

[17]杨保法:《对现代杭州休闲体育的现状的研究》,《科技信息》2007年28期。

[18]刘庆山:《我国体育公共服务体系研究述评》,《上海体育学院学报》2008年3期。

[19]陈岳东:《休闲体育的社会价值分析》,《体育与科学》2008年4期。

[20]周健生、饶平、马勇、王勇:《和谐社会构建中城镇社区体育文化的价值及发展定位》,《武汉体育学院学报》2008年7期。

[21]柳春清:《体育文化对创新型城市建设的价值分析》,《辽宁行政学院学报》2008年10期。

[22]姜晓萍:《中国公共服务改革三十年》,《中国行政管理》2008年12期。

[23]王美、董新光:《苏州社区体育发展分析》,《体育文化导刊》2009年2期。

[24]彭长锦:《当前我国城市社区体育发展问题与对策研究》,《山东体育学院学报》2009年4期。

[25]金文慧:《论社区体育》,《体育文化导刊》2009年9期。

[26]钱伟良:《日美社区体育中心建设的比较研究——兼谈对我国社区体育中心建设的启示》,《成都体育学院学报》2010 年 2 期。

[27]汪流、刘国永、贺风翔、郝建峰:《全民健身活动组织模式选择》,《体育文化导刊》2010 年 3 期。

[28]高斌:《政府购买体育公共服务的可行性研究》,苏州大学硕士论文,2010 年。

[29]谢光辉、卢锋、张玥:《休闲体育文化解析》,《成都体育学院学报》2011 年 2 期。

[30]罗炯、郑兵、卢文云、刘双飞:《我国西部地区农民健身现状及制约因素研究报告》,《体育科学》2011 年 4 期。

[31]易珊:《社会分层视角下长沙市居民体育消费特征研究》,湖南师范大学硕士论文,2011 年。

[32]黄婵、仲妍、孙莉:《论文化创意产业与旅游产业的互动融合发展》,《中国商界》2012 年 3 期。

[33]刘芬:《基于社会分层理论的城市居民体育休闲行为探讨》,《体育与科学》2012 年 3 期。

中文著作

[1]卢元镇:《体育社会学》,高等教育出版社 2001 年版。

[2]樊炳有:《社区体育论》,体育大学出版社 2003 年版。

[3]符绍珊:《企业组织结构模式创新研究》,中国经济出版社 2008 年版。

[4]杨铁黎、苏义民:《休闲体育产业概论》,高等教育出版社 2011 年版。

中文译著

[1][美]杰弗瑞·戈比著,康筝、田松译:《你生命中的休闲》,云南人民出版社 2000 年版。

[2][美]杰弗瑞·戈比著，张春波译：《21世纪的休闲与休闲服务》，云南人民出版社2000年版。

[3][美]约翰·凯利著，赵冉译：《走向自由》，云南人民出版社2000年版。